MARCUS & MARTINUS

UNSERE GESCHICHTE

INHALT

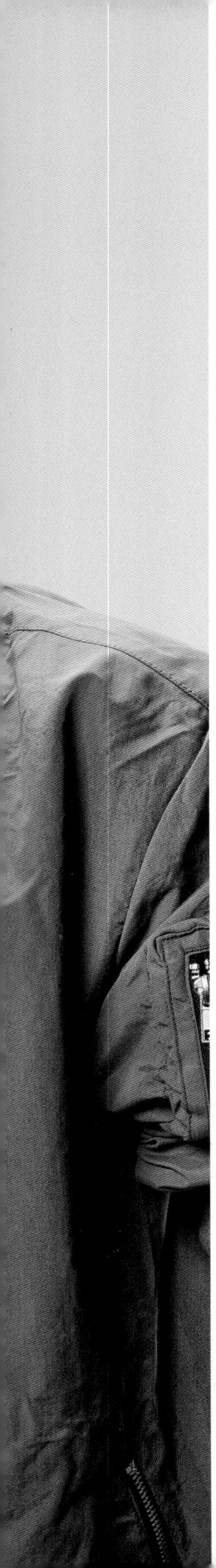

Hei! Es ist gerade August, während wir diese Zeilen schreiben, und ein Sommer, der total verrückt für uns war, geht zu Ende! Wir haben es auf Platz eins der norwegischen Charts geschafft – was echt mega ist –, haben den Zuschauerrekord bei der bekannten Fernsehsendung »Allsang på Grensen« gebrochen, haben an vielen coolen Orten gespielt und viele Fans getroffen, und dann durften wir auch noch in Schweden tolle Erfahrungen sammeln. Jetzt freuen wir uns auf euch und die beiden Konzerte im Oslo Spektrum und darüber, dass es auch bald einen Film und ein Fernsehspecial geben wird. Wir haben so viel Spaß und treffen so viele Menschen – wie cool ist das bitte?! Manchmal denken wir, dass das alles nur ein Traum ist. Dann kommt es uns vor, als wären wir immer noch zwei ganz gewöhnliche Jungs aus Trofors.

Aber ihr, unsere Fans, seid es, die das alles möglich machen. Ohne euch wären wir nicht da, wo wir heute sind, und wir sind sehr dankbar für alles, was ihr jeden Tag für uns macht. TUSEN TAKK – vielen Dank!!

Mit diesem Buch wollen wir euch zeigen, wie sehr wir euch schätzen, indem wir euch mit in unsere Welt nehmen. Herzlich willkommen!

Wir lieben euch und hoffen, dass euch unser Buch gefällt!

HOT FACTS

MARCUS UND MARTINUS GUNNARSEN

Spitznamen: Mac und Tinus
Familie: Mama: Gerd Anne, Papa: Kjell-Erik, Schwestern: Silje (24) und Emma (8)
Geburtsdatum: 21. Februar 2002 im Krankenhaus Elverum
Alter: 14 Jahre
Schule: 9. Klasse der Trofors-Schule
Wohnort: Trofors, Nordland
Größe: Marcus ist etwa 1,66 m und Martinus ca. 1,64 m groß
Haustiere: keine
Augenfarbe: Braun
Haarfarbe: Dunkelblond, mit einigen hellen Streifen
Beziehungsstatus: Beide sind Single

ALBEN

1. »Hei« (Februar 2015)
2. »Hei – fanspesial« (November 2015)
3. »Together« (November 2016)

IM NETZ:

Homepage: marcusandmartinus.no
Instagram: @marcusandmartinus
Snapchat: marcus-martinus
Facebook: fb.com/marcusandmartinus
YouTube: youtube.com/marcusandmartinus
Musical.ly: marcusandmartinus
Webstore: mmstore.no

Oops, erwischt! Wir hatten uns mit der Nussnougatcreme unter dem Tisch versteckt, als Mama uns entdeckte …

Das ist sie – unsere Familie!

KAPITEL 1:

UNSERE KINDHEIT UND UNSERE FAMILIE

Ob ihr es glaubt oder nicht, aber sowohl Mama als auch Papa können bestätigen, dass wir zwei sehr liebe Kinder waren. Es war zunächst ein kleiner Schock für sie, dass sie Zwillinge bekamen, und im ersten Jahr haben sie nachts wahrscheinlich auch nicht so gut geschlafen, aber ansonsten versichern uns beide, dass wir sehr umgänglich waren! Unsere Familie bedeutet uns alles. So war es schon immer, und so wird es auch immer sein. In diesem Kapitel werden wir euch mehr darüber erzählen, wie wir als Kinder waren, ein wenig über unsere Familie, über Trofors, und einfach wie wir waren, als wir noch klein waren. Hierfür haben wir eine Menge Hilfe von Mama und Papa bekommen, und an manchen Stellen werden sie uns ein bisschen erzählen, da sie sich am besten erinnern. Und natürlich gibt es auch viele Kinderbilder. Einige davon sind echt peinlich!

PS: Glaubt nicht unbedingt alles, was Mom und Dad erzählen. Außer dass wir sehr lieb waren, denn das ist offensichtlich wahr!

Nicht ein Baby, sondern zwei!

Mama und Papa waren sehr glücklich, als sie hörten, dass sie Zwillinge bekamen. Unsere Mama, Gerd Anne, hatte bereits Silje, unsere große Schwester, aus einer anderen Beziehung. Als wir geboren wurden, war Silje zehn Jahre alt. Papa Kjell-Erik hingegen hatte keine Kinder von früher. Wir waren seine allerersten! Für ihn war es dann auch etwas ganz Besonderes, dass er zwei auf einmal haben würde. Zuerst dachten sie, sie würden nur ein Baby bekommen. Aber als man im Krankenhaus Ultraschall-Untersuchungen durchführte, stellte sich heraus, dass es zwei waren! Der Arzt fragte Mama, ob sie ihr Ultraschallbild mit nach Hause nehmen wolle, und sie dachte wirklich, dass sie es nicht brauchte, da ein Baby nur ein kleiner Punkt auf einem solchen Bild ist, wenn es nur neun oder zehn Wochen alt ist. Aber der Arzt sagte, sie könnten das Bild vergrößern, um den Punkt ein bisschen größer zu machen, und dann entdeckten sie, dass hinter dem ersten Baby noch ein zweites war. Wenn Mama zu diesem Bild Nein gesagt hätte, wäre sie nach Hause gegangen, ohne zu wissen, dass sie Zwillinge bekommen würde. Sowohl Mama als auch Papa fanden, dass es doppeltes Glück ist, zwei Babys zu haben. Auch wenn es bedeutete, dass sie vor der Geburt zusehen mussten, alles doppelt zu haben. Mama ist ein richtiger Planungsmensch, also hatte sie schon geregelt, welchen Kinderwagen sie für das Baby kaufen würde, das sie haben würde. Als es plötzlich Zwillinge gab, dachte sie gleich: »Jetzt muss ein anderer Wagen her!«

Ohne Sprit, ohne Namen

Wir sind am 21. Februar 2002 im Krankenhaus Elverum zur Welt gekommen. Es war genau nach Termin, und wir wurden dort geboren, weil Mama und Papa zu dieser Zeit in Romedal in der Gemeinde Stange im Süden von Hamar lebten. Marcus kam als Erster, um 21.17 Uhr. Martinus ließ sich noch eine Viertelstunde lang Zeit, um 21.32 Uhr war auch er auf der Welt. Marcus wog 3100 Gramm, Martinus 2790 Gramm. Bei der Schwangerschaft mit Zwillingen ist es oft so, dass einer im Bauch etwas mehr isst als der andere, und von uns war es offensichtlich Marcus! Aber wir waren beide gesund und hatten ordentlich was auf den Knochen. Ihr braucht euch nur die Babyfotos von uns anzusehen …

Frisch geschlüpft: Hier sind wir nur wenige Tage alt.

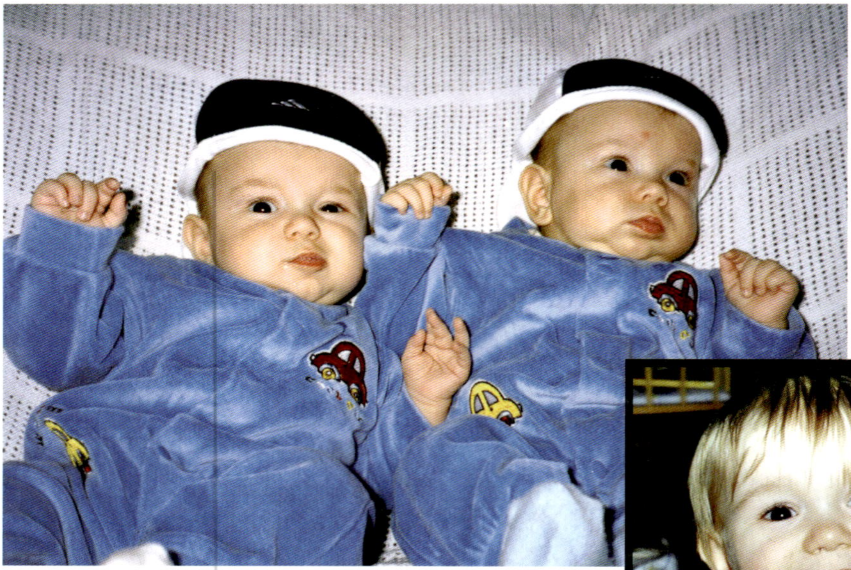

Guckt mal! Vom ersten Tag an cool gekleidet.

Hallo? Kann ich mal Martinus sprechen?

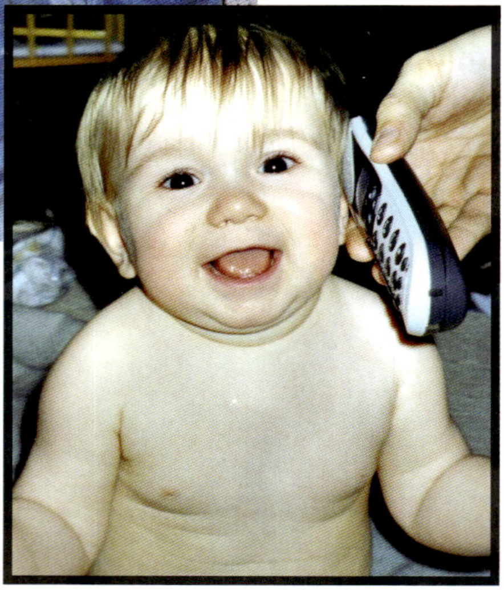

Marcus hat schon immer gern telefoniert.

Die Story, als Papa in dieser Nacht wieder nach Hause fuhr, haben wir oft gehört, und es ist eine unserer Lieblingsgeschichten aus unserer Kindheit. Er war gerade wegen der Geburt sehr glücklich und froh, als ihm, als er von Elverum nach Stange fuhr, der Sprit ausging! Er bemerkte nicht, dass er dringend hätte tanken müssen, er fuhr einfach los und war völlig in seiner eigenen Welt, weil er sich so freute, Vater geworden zu sein. Dann stand er mitten in der Nacht auf der Autobahn und kam nicht weiter. Er musste einen Freund anrufen, der ihm aber gern half. Dann ging alles noch mal gut!

Unsere Eltern wussten nicht, welches Geschlecht wir hatten, bevor wir geboren wurden. So hatten sie sowohl zwei Mädchennamen als auch zwei Jungennamen für uns bereit. Wisst ihr, wie wir heißen sollten, wenn wir Mädchen geworden wären? Emma und Emilia! Marcus wäre Emma, und Martinus Emilia. Ziemlich lustig, wenn man so drüber nachdenkt! Papas Großmutter hieß Emma, und unsere Eltern haben diesen Namen sehr gemocht. Aber dann wurden wir Jungs. Dad hatte die Idee, wenn er mal einen Jungen bekommen würde, sollte der Marcus heißen. Und dann musste ein Name gefunden werden, der zu Marcus passt, am besten ein anderer Name mit dem Anfangsbuchstaben M. Am Ende wurde es Martinus, ein Vorschlag unserer Mama. Es ist ein ziemlich seltener Name, aber in Oslo haben wir sogar schon einen Martinusplatz gesehen! Mama und Papa fanden, dass beide Namen sehr gut zusammenpassten. Und so war es entschieden. Marcus und Martinus.

Superliebe Kinder

Mama und Papa sagen, dass wir liebe Kinder waren. Und sehr kuschelig. Wenn wir heute zurückblicken, wissen wir, dass es uns sehr gut ging – also gab es wirklich keinen Grund, schlecht drauf zu sein. Außer vielleicht den Schlafmangel (Sorry, Mama und Papa!).

Papa: »Wir haben ein ganzes Jahr lang kaum geschlafen, als ihr beide noch Babys wart. Ihr seid nachts aufgewacht, und Gerd Anne hatte nicht genug Milch, also musste ich jede Nacht Fläschchen anrühren und euch füttern – und das Haus warm halten. Es war also ziemlich heiß!«

Mama: »Ich und Kjell-Erik hatten vereinbart, dass alles, was wir nachts zueinander sagten, am nächsten Morgen keine Bedeutung mehr hatte – bei Müdigkeit und wenig Schlaf sagt man manchmal böse Dinge zueinander!«

Papa: »Aber ihr beiden wart immer unglaublich ruhig und umgänglich. Sehr, sehr wenig Geschrei! Wir haben viel mit dem Camcorder gefilmt, als ihr jung wart, und wenn ihr mal schlecht drauf wart, konnten wir einfach den Camcorder nehmen und den Bildschirm drehen, sodass ihr euch selbst sehen konntet, und dann war alles wieder gut, alles eitel Sonnenschein! Ihr fandet es schon immer toll, gefilmt zu werden – das war also damals schon da …«

Mama: »Auf den Videos von euch, als ihr klein wart, sieht man, dass ihr euch über die kleinsten Dinge gefreut habt. Selbst mit einem Fisch als Spielzeug wärt ihr zufrieden gewesen. Ihr wart unglaublich unkompliziert, ich erinnere mich nicht, dass ich morgens übermäßig früh aufgestanden bin oder es schwer war, euch im Kindergarten abzugeben oder so. Es klingt verrückt, aber ich habe nichts Negatives darüber zu sagen, weil ihr einfach lieb wart. Aber ich bin ja auch eure Mutter …«

Oben: Wir und unsere Schwester Silje. Rechts: Unsere Mama Gerd Anne.

Wer ist wer?

Unsere Fans können uns sehr gut auseinanderhalten, aber eine der häufigsten Fragen von Journalisten ist immer noch: »Wer ist wer? Wie sieht man den Unterschied zwischen euch beiden?« Dann antworten wir immer dasselbe, dass Martinus ein Muttermal auf seiner Oberlippe hat und Marcus ein bisschen größer ist und so weiter. Aber es war nicht so einfach, als wir klein waren, nicht einmal für unsere Eltern! Im Krankenhaus erhielten wir Armbänder, auf denen »Zwilling 1« und »Zwilling 2« stand, die wir auch eine Weile trugen. Das Muttermal an Martinus' Oberlippe kam erst einige Jahre später, aber es stellte sich heraus, dass Marcus ein Geburtsmal am Bauchnabel hatte, also gab es eine Markierung, die den Unterschied zwischen uns zeigte.

Aber manchmal passierte es tatsächlich, dass sie uns verwechselten. Und für alle anderen war es noch schlimmer. Als wir in Romedal, wo wir damals wohnten, in den

Kindergarten gingen, durften wir nicht die gleichen Klamotten tragen. Mama durfte uns keine gleichfarbigen Pullover anziehen, weil die Erzieher uns nicht unterscheiden konnten. Aber das Problem war, dass wir, obwohl wir ungleich angezogen waren, ihnen auch nicht sagen konnten, wer wer war … Als Mama uns nachmittags abholte, schaute sie immer auf eine Tafel, auf der stand, was die Kinder an diesem Tag im Kindergarten gemacht hatten und was alles passiert war – einmal stand dort, dass Martinus bei einer Wanderung im Wald hingefallen war und ein Pflaster bekommen hatte. Mama fragte die Erzieher: »Ich habe auf der Tafel gelesen, dass Martinus hingefallen ist, aber warum hat Marcus ein Pflaster?«

Mama: »Ich bemerke jetzt mehr Unterschiede in eurer Persönlichkeit als damals, als ihr klein wart. Ihr wart wirklich sehr ruhige und kuschelige Jungs! Ich erinnere mich nicht, dass einer aufbrausender war als der andere oder so, ich fand euch sehr ähnlich. Und abgesehen davon, dass ihr nachts nicht schlafen wolltet, hatten wir die einfachsten Zwillinge der Welt. Es hätte zehn Mal schlimmer sein können! Ihr habt euch nie im Laden auf den Boden geworfen und geschrien, wenn ihr nicht bekamt, was ihr wolltet. Man konnte etwas Musik anmachen, dann wart ihr schon zufrieden. Es brauchte wirklich nicht viel, um euch zufrieden zu machen!«

Das Leben als Zwillinge

Es ist sehr schön, Zwillinge zu sein. Wir kennen nichts anderes, aber es ist wirklich toll, dass man alles teilt, was um einen herum passiert. Wir verstehen uns sehr gut, und manchmal ist es fast so, dass man weiß, woran der andere denkt. Zum Beispiel hat einer von uns mal an einen Song gedacht, und dann hat der andere urplötzlich angefangen, diesen Song zu singen! Wir sind wahrscheinlich sehr abhängig voneinander. Aber vielleicht ist es gar nicht so ungewöhnlich, denn wir haben seit unserer Kindheit absolut alles gemeinsam gemacht – zusammen im Mamabauch gelegen, immer zusammen gegessen und gespielt … Als wir klein waren, waren wir noch mehr verbunden. Wenn wir irgendwo waren, wo auch viele andere Kinder waren, kam es nie vor, dass wir getrennt voneinander mit jemand anderem spielten. Wir waren immer zusammen, haben aber gemeinsam natürlich auch mit anderen gespielt. Keiner hätte was ohne den anderen gemacht. Außerdem hatten wir unsere eigene Sprache, als wir klein waren! Wir können uns natürlich nicht daran erinnern, aber laut Mama und Papa hatten wir eine Babysprache, die niemand verstand, aber wir kommunizierten miteinander. Im Sandkasten sagte Marcus zum Beispiel: »Bakka-bakka-bakka-bakka?«, und dann antwortete Martinus: »Bakka-bakka« – er hatte tatsächlich verstanden, dass Marcus ihn gebeten hatte, ihm eine Schaufel zu geben. Dann spielten wir weiter. Das war sicherlich ziemlich seltsam für alle Erwachsenen

»ES IST SCHON VERRÜCKT, ZWILLINGE ZU SEIN. ABER ES MACHT SPASS. UND WENN EINEM LANGWEILIG IST, KANN MAN DEN ANDEREN ÄRGERN.«

– Marcus

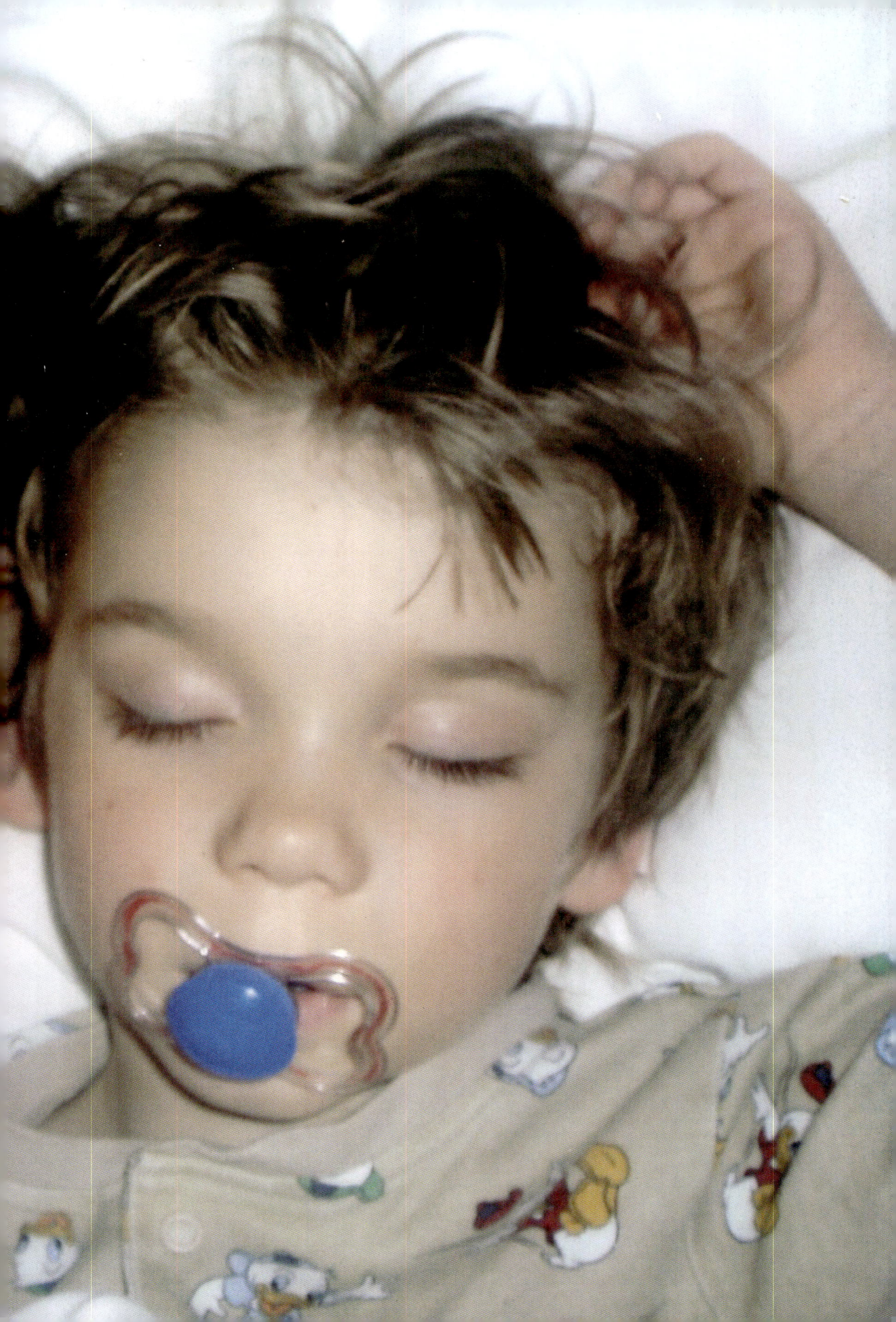

um uns herum, aber für uns war es ganz natürlich, bevor wir gelernt hatten, richtig zu sprechen.

Das erste Mal, richtig getrennt waren wir, als Martinus sich mit zweieinhalb Jahren den Arm brach. Wir spielten Fußball auf dem Rasen, und dann stolperte er über den Ball und fiel hin. Sein Arm war gebrochen, der hing einfach herunter! Papa fuhr mit ihm ins Krankenhaus nach Elverum und musste über Nacht bei ihm bleiben. Martinus kann sich noch daran erinnern, wie er im Krankenwagen war, obwohl er sehr klein war, als es passierte. Er saß bei seinem Vater auf dem Schoß und schwitzte, weil es so unglaublich warm in dem Wagen war.

»Bakka-bakka-bakka-bakka?« – »Bakka-bakka!«

Wonneproppen! Marcus mit ungefähr 10 Monaten.

Für Marcus war es sehr seltsam, alleine mit Mama zu Hause zu sein, er fand es gar nicht gut, dass Martinus nicht da war. Das Einzige, was wir nicht gemeinsam gemacht haben, ist, gleichzeitig krank zu werden. Es war schon immer so, dass erst der eine krank wurde und dann der andere gleich hinterher. Ob es nun Windpocken oder Fieber oder so war, die Krankheitszeit dauerte immer doppelt so lang. Nur beim gebrochenen Arm war es so, dass es allein Martinus betraf.

Auch wenn wir uns meistens zusammenrissen, war es trotzdem schwierig für Mama und Papa. Sie haben uns erzählt, dass wir uns überall gerne versteckt haben, zum Beispiel hinter den Vorhängen und so. Und wenn etwas im Haus verschwand, mussten sie lernen, wo sie zu suchen hatten – denn es war klar, wer es versteckt hatte! Wir hatten diese Rollautos mit Deckel, und jedes Mal, wenn sie Babyflaschen oder Schnuller oder Ähnliches vermissten, sagten sie immer: »Guck mal im Rollauto nach!«, und dort fanden sie normalerweise eine Sammlung verschiedener Dinge. Wir hatten auch blaue Traktoren mit Hänger, so wie damals, als wir noch in Romedal wohnten. Wir fuhren sie hin und her und gruben allerlei Pflanzen für Mama aus dem Blumenbeet aus. Einfach den Hänger anhängen und losfahren!

Als wir zehn Monate alt waren, kippte Martinus den Weihnachtsbaum auf Marcus. Oder war es andersherum? Ja, so war es. Wir fuhren und rannten um den Weihnachtsbaum, und jemand wollte ein Foto von uns machen.

Marcus blieb stehen, aber Martinus wollte nicht, also sprang er weiter herum. Und dann kippte er den Weihnachtsbaum auf Martinus. Natürlich hat er es nicht absichtlich gemacht, er hat nur versucht, seinen Bruder zum Stehenbleiben zu bringen. Zum Glück ist nichts passiert!

Im Urlaub in Thailand werden wir oft fotografiert, weil Zwillinge dort als Glücksbringer gelten. Es ist lustig, weil sie nicht wissen, wer wir sind, sie sehen nur, dass wir Zwillinge sind.

Natürlich finden wir, dass es nicht schwierig ist, den Unterschied zwischen uns zu sehen, aber es gibt nicht viele, die das können. In der 7. Klasse haben wir mal während des Unterrichts unsere Plätze getauscht. Jedes Mal, wenn der Lehrer uns ansah und keinen Unterschied bemerkte, fingen wir an zu lachen. Erst als die anderen Schüler riefen: »Marcus und Martinus haben ihre Plätze getauscht!«, flogen wir auf.

Es gibt viele Lehrer und Schulkameraden, die immer noch keinen Unterschied sehen. Vor allem in den Klassen über und unter uns rufen sie uns oft nur »Ey, Zwilling!« oder »Marcusodermartinus« in einem Wort. Hallo? Wir haben beide einen Namen! Ein bisschen mehr Mühe als einfach nur »Zwilling« oder »Gunnarsen« wäre schon cool …

Aber abgesehen von diesen Sachen ist es wirklich verrückt, Zwillinge zu sein. Das macht Spaß. Wir haben einander und können immer Dinge tun, die man allein nicht tun kann, wie Kicken oder FIFA spielen. Wir können uns nicht daran erinnern, dass einer mal neidisch auf den anderen war. Warum sollten wir auch? Wir machen das meiste zusammen. Es ist immer noch seltsam, wenn einer von uns krank ist und der andere alleine zur Schule gehen muss, es ist ungewohnt, aber es ist in Ordnung. Es kommt vor, dass wir nicht einer Meinung sind, aber wir streiten uns nicht. Wir machen eher Witze. Wir kloppen uns auch nicht. Es gibt wohl mal einen dummen Spruch und ein bisschen Ärgerei, aber nie etwas Ernstes. In Wirklichkeit sind wir beste Freunde, nicht nur Brüder.

Wir haben immer alles zusammen gemacht.
Zwillingsbrüder sind nie allein!

Vier kleine Geschichten

Mama und Papa können viele Geschichten von früher erzählen, weil wir viele komische Dinge getan und gesagt haben. Es ist ein bisschen peinlich – falls ihr weiterlest, versprecht bitte, keinem davon zu erzählen … Hier sind vier Geschichten von Mama:

»Als die Jungen vier Jahre alt waren, hatte Kjell-Erik sie zu einem Angelausflug mitgenommen, sie waren draußen in einem Boot, und es war ruhig und friedlich. Martinus sagte: ›Oh, hier ist es aber still!‹, und sein Vater antwortete: ›Ja, ist es nicht toll, wenn es so still ist, dass man die Vögel zwitschern hört und der Wind in den Bäumen weht?‹ Marcus saß hinten im Boot und sagte: ›Ich weiß warum – weil Mama nicht hier ist.‹«

»Ein anderes Mal fragten sie: ›Wie kommt ein Baby in den Bauch?‹ Und Kjell-Erik erklärte, wenn zwei sich lieben, kann man ein Baby im Bauch haben. Mehr wurde über das Thema nicht geredet. Ein paar Tage oder Wochen danach saßen wir im Auto, als Martinus plötzlich fragte: ›Papa, liebst du Mama?‹ ›Ja‹, antwortete er. Und Martinus: ›Oh, gut. Kommt das Baby jetzt?‹«

»Den Jungen wurde beigebracht, die Tür abzuschließen, wenn sie nach der Schule allein zu Hause waren und zum Spielen zu Freunden gingen. Es kam nicht oft vor, aber eines Tages kam ich von der Arbeit nach Hause, die Tür war verschlossen, und da lag ein Zettel: ›Hi Mom! Wir sind unterwegs, der Schlüssel liegt unter der Fußmatte!‹«

»Als die Jungs in die Schule kamen, gaben wir ihnen die Erlaubnis, nach der Schule allein zu Hause zu sein. Eines Tages kam ich von der Arbeit nach Hause, Marcus kam aus seinem Zimmer und war SO stolz, weil er das Haus geputzt hatte! Er hatte gesaugt und auch geputzt, und als ich das Wohnzimmer betrat, roch es sehr merkwürdig. Ich fragte ihn, womit er geputzt habe. ›Ich habe Seife gefunden ...‹ – ›Ja, das hast du toll gemacht, Marcus, aber welche Seife hast du genommen?‹ – ›Die Seife in der Dusche, die Papa benutzt!‹ Er hatte das ganze Haus mit stark parfümiertem Duschgel geputzt, den Boden, überall. Natürlich konnte ich nicht böse auf ihn sein, weil er sich so viel Mühe gemacht hatte! Aber ich musste danach alle Böden wischen. Und ich zeigte ihm die richtige Seife.«

Unsere Familie

Wir haben keine riesige Familie, aber wir haben eine tolle Bande um uns herum. Zum engsten Kreis gehören sechs Leute, einschließlich uns. Mama, Papa, eine große Schwester und eine kleine Schwester.

Dad ist derjenige, dem wir wohl am nächsten sind und mit dem wir am meisten zusammen sind. Er hilft uns mit allem und tut alles, um ein Superpapa zu sein. Und er ist es auch. Er arbeitet fast 24 Stunden für uns und hat kaum Freizeit. Er sitzt an seinem Mac und arrangiert Mailings und Meetings und so weiter und fährt uns zum Fußballtraining und wohin auch immer wir wollen. Das Beste an ihm ist, dass er immer gut gelaunt ist. Er kann auch streng sein, aber er macht es so, dass wir immer verstehen, was er denkt, und dass er nie böse auf uns ist. Und wenn wir müde oder schlecht gelaunt sind, versucht er immer, gute Stimmung zu machen. Er war schon immer ein lustiger Mensch. Die Musik und all die Dinge, die wir machen, wären ohne Papa nicht möglich. Er ist superwichtig und bedeutet uns alles. Aber jedes Mal, wenn er etwas auf Instagram für uns schreibt, benimmt er sich wie ein 60-jähriger Mann, weil er nach jedem Satz mindestens sechs Emojis setzt … Es ist völlig hoffnungslos. Und jedes Mal, wenn er uns eine Nachricht schreibt, dass wir nach Hause kommen sollen, schreibt er »Grüße von Papa« darunter. Hallo? Wir wissen, dass die Nachricht von ihm kommt!! Wir haben ihn eingespeichert!

Unser Vater Kjell-Erik ist wirklich ein Superpapa!

Papa und Martinus.

Auch Mama arbeitet viel, sowohl auf ihrer Arbeit als auch in unserem Haus. Sie ist diejenige, die immer zurückbleibt und auf das Haus und Emma aufpassen und alles arrangieren muss, wenn wir die ganze Zeit unterwegs sind. Sie ist absolut super. Sie liebt uns sehr, vielleicht ein bisschen zu sehr, weil sie uns ständig umarmen möchte. Sie kann in Oslo mitten auf der Straße unter vielen Menschen stehen und uns urplötzlich umarmen. Natürlich freut uns das! Aber sie kann auch für Situationen sorgen, die uns voll peinlich sind. Wenn wir Freunde zu Besuch haben, kann es sein, dass sie zu Musik durchs Haus tanzt oder laut mitsingt. Oder diese Sache mit der Umarmung kommt.

Mama ist total super. Auch wenn sie uns manchmal in peinliche Situationen bringt!

Silje ist auch immer sehr liebevoll zu uns.

Wir streiten uns manchmal mit unseren Eltern, zum Beispiel darüber, wer das Zimmer aufräumt oder staubsaugt, aber nicht sehr oft. Sie sind auch nicht sehr streng, es ist vielmehr so, dass wir viel reden und uns dann meist darüber einig sind, wie wir die Dinge haben wollen. Zum Beispiel gehen wir früher ins Bett als viele unserer Freunde. Die hauen sich um elf oder halb zwölf hin, während wir schon um zehn im Bett sein müssen und spätestens um halb elf schlafen sollen. Das liegt daran, dass wir viel Schlaf brauchen, weil wir jeden Tag so unter Strom stehen. Normalerweise schlafen wir jede Nacht ungefähr zehn Stunden und stehen um acht Uhr morgens auf. Wir haben also nicht so viele strenge Regeln, wir müssen nur Hausaufgaben machen, sobald wir zwischen zwei und drei Uhr von der Schule nach Hause kommen.

Dabei dürfen wir auch nicht gleichzeitig mit dem Handy rumspielen, Papa ist da ein bisschen streng.

Wir haben eine Schwester namens Silje, sie ist zehn Jahre älter als wir. Wir waren in letzter Zeit wenig mit ihr zusammen, weil sie in Mosjøen lebt und viel arbeitet – und wir sind auch weit weg. Sie ist Mama sehr ähnlich, wenn es darum geht, irgendetwas Peinliches zu machen! Sie ist ein sehr lebensfroher Mensch und lächelt und lacht die

Es war sehr cool, plötzlich große Brüder zu sein. Wir waren sehr stolz, als Emma geboren wurde.

ganze Zeit. Sie ist eine wirklich lustige Schwester und hat sich schon immer viel Zeit dafür genommen, Verstecken oder andere Dinge mit uns zu spielen. Und obwohl wir sie nicht so oft sehen, wissen wir, dass sie stolz auf uns ist.

Unsere kleine Schwester heißt Emma. Als wir mit fünf Jahren gerade in Thailand im Urlaub waren, erfuhren wir, dass wir bald noch eine Schwester haben würden. Wir saßen in einem Restaurant in Thailand, und Mama sagte uns, dass wir bald große Brüder sein würden.

Für uns war das zuerst gar keine große Sache, wir sind Jungs und denken nicht so viel darüber nach, also sagten wir nur: »Okay, sonst noch was?« Erst als wir begriffen, dass wir eine kleine Schwester oder einen kleinen Bruder haben würden, konnten wir

Chic gemacht für den Nationalfeiertag: Marcus links, Martinus rechts.

Hallo? Martinus, bist du es?

Mama sagt, dass wir früher immer alles in den Mund genommen haben.

Martinus geht auf die Piste!

Zusammen mit Papa.

Urlaubsfoto mit Mama in Thailand:
Wir genießen unseren Nachtisch!

Thailand: Wir bauen mit
Papa eine Sandburg.

Die Brüder mit der kleinen Schwester.

Mit Mama und Silje (2002).

Marcus hat einen Lachanfall (2008).

es gar nicht fassen. Marcus fragte, warum Mama nicht dick sei, obwohl sie ein großes Baby im Bauch habe. Sie erklärte ihm, dass es jetzt noch ein Winzling sei, aber dass es größer werde. Und dann zeigte sie auf eine Ketchup-Flasche und sagte, dass das Baby jetzt ungefähr so groß sei.

Es war toll, eine kleine Schwester zu bekommen. Einen Tag nach ihrer Geburt hielten wir sie das erste Mal auf dem Arm, und es war seltsam zu wissen, dass sie in Mamas Bauch war. Und seht euch Emma heute an! Sie war VIEEEL süßer als Baby ... Natürlich nicht!! Jetzt ist sie acht Jahre alt und ist immer noch voll süß! Sie ist auch

Emma ist unsere kleine Schwester, und sie ist sehr süß! Auch wenn sie manchmal sauer auf uns ist. Aber so sind Geschwister eben.

Schon gewusst?

Es kommt schon mal vor, dass wir mit unserer Schwester Emma im reinen Vefsn-Dialekt reden, der in der Gegend um Trofors gesprochen wird.

sehr stur und kann wirklich wütend werden. Marcus hätte gerne immer noch eine kleine Schwester, die er in den Arm nehmen und knuddeln kann, aber das kann er sich mittlerweile wohl abschminken. Martinus darf es manchmal noch, wahrscheinlich weil er ein wenig mehr Geduld hat, mit ihr zu spielen und so weiter. Aber Emma ist die beste kleine Schwester der Welt!

Mama hat drei Geschwister, Papa hat eine Schwester und eine Halbschwester. Unsere Großmutter, Papas Mama, ist vor fünf Jahren gestorben. Das war kurz bevor wir die Sache mit der Musik begannen, und es ist sehr traurig, dass sie es nicht mehr miterleben konnte. Sie wohnte ganz in der Nähe, und wir waren sehr oft bei ihr – manchmal vier, fünf Mal am Tag. Wir haben ihr früher ein bisschen geholfen, haben ihren Rasen gemäht oder Schnee geschaufelt, und sie hatte immer Zeit für uns. Wir waren uns sehr nahe, und es war sehr traurig, als sie starb. Sie wurde nur 63 Jahre alt, weil sie sehr krank war. Wir waren nicht nur niedergeschlagen und traurig, sondern auch wütend. Es war so unglaublich, dass sie sterben musste! Wir sind nur ganz selten wütend oder traurig, und dies war so ein Moment. Und wir denken immer noch so viel an sie und wünschten, dass sie noch hier wäre. Hätten wir einen Wunsch frei, würden wir sie gerne noch einmal sehen.

Zum Glück haben wir noch unsere anderen Großeltern. Opa ist einer der besten Menschen, die wir kennen, er ist so lustig. Er kommt aus der Region Trønderlag, er erzählt ständig Witze und lacht viel. Wir haben ihm beigebracht, wie man den Tanz zu Silentós »Whip/Nae nae« macht, und jetzt macht er ihn ständig. Und dann fragt er immer, wie es in der Schule läuft. Und danach fragt er, ob wir die Sängerin Hanne Sørvaag schon mal getroffen haben. Er ist ein glühender Fan von ihr. Unsere Großmutter sitzt dann neben ihm und schüttelt nur den Kopf. Wir fragen ihn immer, ob er mit Oma nicht zufrieden ist. Dann lacht er einfach und sagt: »Doch, aber sie ist sehr hübsch, es ist eben Hanne Sørvaag!«

Opa, Papas Vater, ist auch sehr komisch. Er liebt es, uns zu überraschen und an Orten aufzutauchen, wo wir sind, ohne dass wir wissen, dass er kommt. Einmal rief er uns nach einem Konzert in Bodø an und fragte, wo wir seien. Dann stand er plötzlich vor uns! Da war das Konzert aber schon beendet. Hätten wir das gewusst! Aber er will nicht, dass wir es wissen. Eines der lustigsten Dinge, die wir erlebt haben, war, als er überraschend bei einem Konzert von uns in Narvik auftauchte.

Plötzlich war er auf der Bühne, mitten im Konzert! Marcus brach in Gelächter aus, es war während unseres Songs »Ekko«, da stand Opa auf der Bühne. Wir zeigten ihm, wo er sich hinsetzen konnte, und nachdem das Lied beendet war, sagte Marcus zum Publikum: »Falls ihr euch fragt, wer das ist – das ist unser Opa. Gebt ihm einen großen Applaus!« Dann musste Opa aufstehen und sich verbeugen. Das war ein riesengroßer Spaß.

Das erste Weihnachtsfest mit Emma in Trofors – wer ist bloß der Weihnachtsmann?

Mmmmarshmellows! Martinus, der Genießer.

Soooo groß ist Martinus.

Schlürf! Trinkpause mit Papa und Emma.

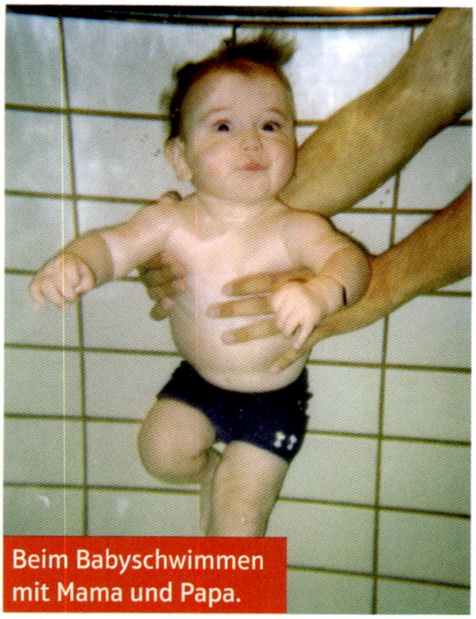

Beim Babyschwimmen mit Mama und Papa.

Hier fragt sich Martinus, ob er den Weihnachtsbaum umstoßen soll …

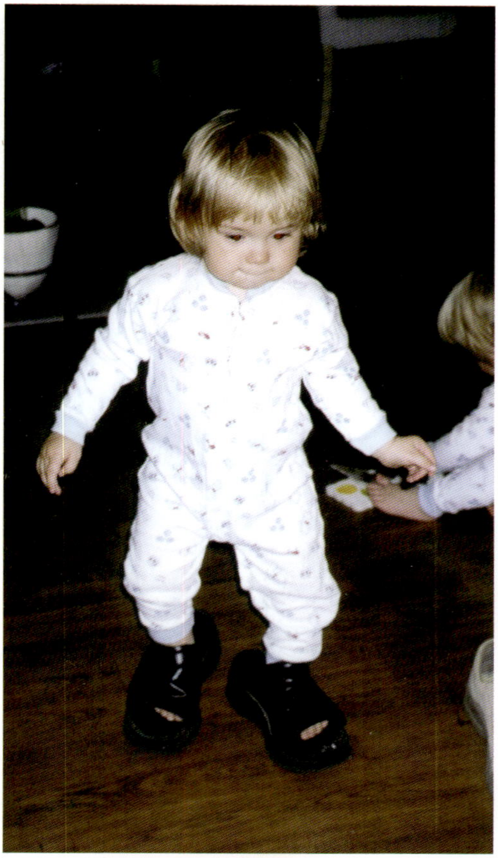

Marcus hat sich ein paar große Schuhe ausgeliehen.

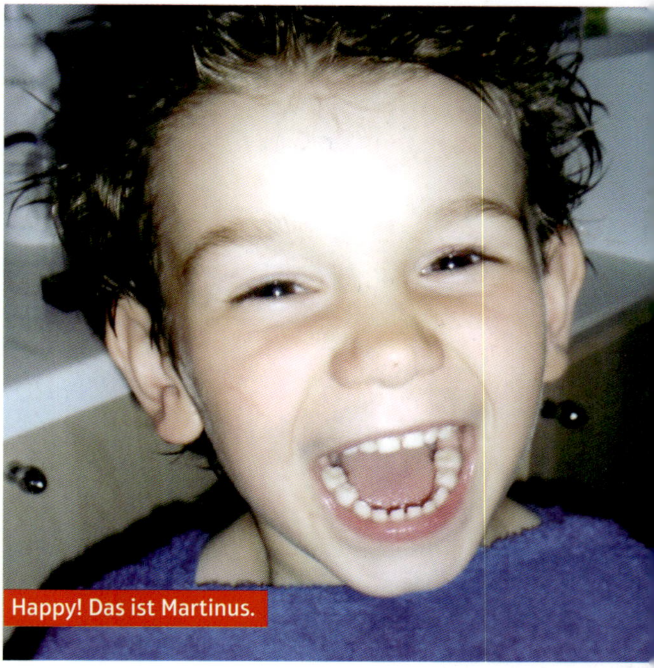

Happy! Das ist Martinus.

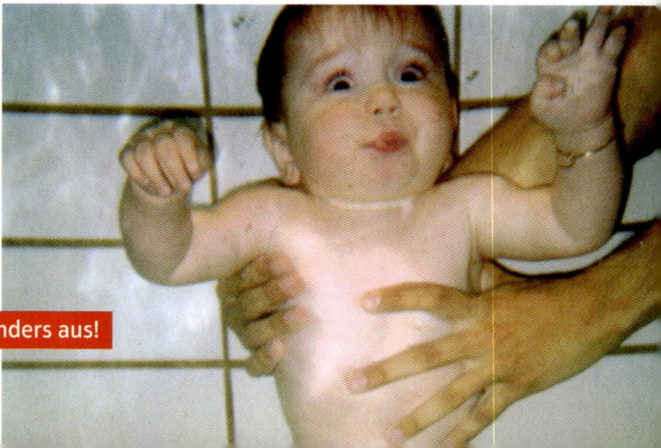

Noch mal Babyschwimmen: Spaß sieht anders aus!

Trofors – der Nabel der Welt!

Trofors liegt in der Gemeinde Grane in Nordland und ist ein sehr kleiner Ort mit nicht mehr als 800 Einwohnern. Bevor wir hergezogen sind, wohnten wir in Romedal in Hedmark, bis wir viereinhalb Jahre alt waren. Irgendwann wollten unsere Eltern wieder Richtung Norden ziehen. Papas Mama war damals schon ein bisschen krank, also wollte er näher zu ihr ziehen, um im Notfall helfen zu können. Außerdem wäre der Rest unserer Familie auch hier in Trofors und in Mosjøen. Aber wir mussten auf die richtige Chance warten, und die kam, als Mama einen Job in Mosjøen bekam, was etwa eine halbe Stunde von Trofors entfernt ist. Dad arbeitet selbstständig, er kann von überall aus arbeiten.

Kurz bevor wir aus Romedal wegzogen, fingen wir einen Frosch, den wir Frans tauften. Wir hielten Frans für einen guten Namen, weil er mit F anfing – also wie Frosch. Wir hatten eine Wasserbahn für ihn gebaut – er saß in einem kleinen Boot, und wir ließen ihn herumfahren. Wir haben uns wirklich gut um ihn gekümmert, bis wir ihn verlassen mussten, um nach Trofors zu ziehen. Wir hatten ihn für vielleicht eine Woche, und dann waren wir sehr traurig, als wir von ihm weggingen.

Wir zogen 2006 nach Trofors, und dann begann Dad mit dem Bau des Hauses, in dem wir jetzt leben. Dort zogen wir kurz vor Weihnachten 2007 ein, und dann wurde das Haus 2008 komplett fertiggestellt. Hier wohnen wir jetzt, und es war sehr schön,

Hier sind wir 6 Jahre alt, Martinus links, Marcus rechts.

Aus der Bahn! Martinus saust durch den Schnee.

Ha ha ha!

MARTINUS' WITZECKE:
Was ist weiß und stört beim Essen? Eine Lawine.

Schon gewusst?
Martinus' Lieblingsfach ist Sport.

hier aufzuwachsen. Unter anderem, weil wir viel Platz auf der Terrasse haben, viel Platz zum Fahrradfahren, Kicken und Spielen. In Trofors, am Laksforsen, haben wir gelernt, ohne Stützräder zu fahren. Wir erinnern uns sehr gut daran, als wir neue Fahrräder bekamen. Wir kamen aus der Schule nach Hause und wollten unsere neuen Fahrräder angucken, aber Papa tat so, als wüsste er nichts von den neuen Rädern. Er hat uns schon immer gern geärgert! Am Ende fanden wir die Fahrräder hinter der Garage. Sie waren viel zu groß für uns, wir waren gerade mal sieben Jahre alt, und so klappte es erst mal gar nicht. Wir hatten die Nase voll und gingen ins Haus, aber dann versuchten wir es etwas später noch mal, und dann ging es gut. Und auf einmal konnten wir Fahrrad fahren.

Als wir in Romedal lebten, sprachen wir reine östliche Dialekte, weil es dort eben so war. Deshalb haben wir jetzt einen seltsamen Dialekt, weil es eine Mischung aus dem ist, was wir gelernt haben, als wir klein waren, und dem Dialekt, der hier in Trofors gesprochen wird. Manche glauben, dass wir unseren Dialekt verändert haben, weil wir viel in Oslo sind und so weiter, aber es war schon immer so! Vielleicht weil wir ständig miteinander gesprochen haben? Wer weiß. Aber es ist ein bisschen seltsam. Trofors ist generell ein sehr guter Ort zum Leben. Für uns wäre es wahrscheinlich ganz anders gewesen, wenn wir zum Beispiel in Mosjøen, Trondheim oder Oslo gelebt hätten, besonders jetzt, wo es um uns herum viel Aufmerksamkeit gibt. Hier ist jeder an uns gewöhnt, sodass wir uns so bewegen können, wie wir wollen, ohne groß aufzufallen. Hier dürfen wir ganz wir selbst sein. Wenn wir in einer größeren Stadt gelebt hätten, wären Mama und Papa wahrscheinlich ein wenig skeptisch gewesen, dass wir hätten ausgehen können, wann immer wir wollen. Dann hätten wir ganz andere Regeln gehabt als jetzt, unsere Eltern wären wahrscheinlich viel strenger, um uns ein bisschen mehr zu schützen. Wir sind glücklich, dass die Dinge so sind, wie sie sind.

Voll konzentriert: Als wir klein waren, sangen wir in Trofors im Kinderchor.

Prost! Papa und Martinus trinken Tee im Morgenmantel.

8 Jahre alt: Hier unterhalten wir die Gäste bei einer Taufe.

Auf Papas Schoß am Heiligabend.

Marcus mit Spiderman-Mütze unter einem Regenbogen.

Unsere kleine Schwester Emma war schon immer sehr süß! Martinus links, Marcus rechts.

Mit Mama im Flugzeug nach Thailand.

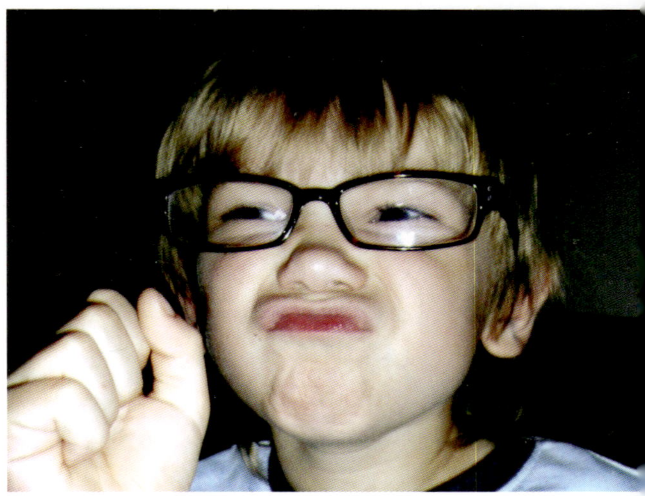

Martinus mit Brille.

Wer ist süßer?

Marcus mit cooler Badefrisur!

Schmatz! Martinus bekommt einen Kuss.

Marcus hat Fische gefangen!

Trofors ist wirklich nur ein Ort, an dem man eigentlich vorbeifährt. Aber jetzt erleben wir tatsächlich, dass Leute oft halten und nach unserem Haus fragen. Wir leben nicht an einer geheimen Adresse, und jeder in Trofors weiß, wo wir wohnen. Aber wenn wir zu Hause sind, finden wir es am besten, Ruhe um uns zu haben. Wahrscheinlich weil wir beide sehr häuslich sind. Wir sind glücklich, sowohl in Trofors als auch zu Hause zu sein. Es ist nicht einfach, das Leben so zu führen, wir wir es vorher hatten – zum Beispiel gab es freitags immer einen Taco-Abend –, und wir vermissen diesen Teil. Selbst wenn wir es ändern könnten – obwohl es sehr schön ist, so viel wie möglich zu sehen –, wären wir sehr glücklich, am Wochenende einfach zu Hause bei der Familie sein zu können.

Musik war schon immer wichtig

Wir haben immer viel gesungen; wenn wir zurückblicken, machte uns das Singen immer sehr glücklich. Das war etwas, das wir irgendwie schon immer in uns hatten, wirklich! Es begann, als wir klein waren. Mama und Papa sangen für uns, wenn wir ins Bett gingen, und es waren immer Lieder darüber, was wir an diesem Tag gemacht hatten. Manchmal wurde es ein langes Lied, manchmal ein kurzes. Jetzt machen sie das Gleiche für Emma. Es war immer ein sehr einfaches Lied, einfach so: »Wir sind aufgestanden und dann haben wir gefrühstückt und dann bist du zur Schule gegangen …« So sangen wir den ganzen Tag über immer eine zufällige Melodie, und es war sehr schön. Als wir nach Trofors zogen, haben wir hier im Kinderchor angefangen. Wir waren vier oder fünf Jahre alt. Das Interesse war noch größer geworden, und unsere Eltern sahen sehr bald, dass wir jedes Mal lauthals mitsangen, wenn wir mit unserem Chor auftraten. Im Kinderchor gibt es immer Kinder, die irgendwohin schauen oder in der Nase bohren oder einfach nicht aufpassen, aber nicht wir! Wir haben alles gegeben. Und jedes Mal, wenn es einen Song gab, der etwas Besonderes hatte, ein Solo oder etwas Ähnliches, waren wir immer die Ersten, die sich meldeten. In der Schule wurde uns oft verboten zu singen, weil wir es die ganze Zeit machten. Heute ist das anders. Und wenn es etwas Besonderes gab – eine Konfirmation oder vielleicht Silvester oder eine Party in der Nachbarschaft –, wollten wir immer gerne für die Gäste singen. Offenbar freuten wir uns über die Aufmerksamkeit … Dann gab es Kinderlieder und Songs aus dem Kinderchor und manchmal kleine Rap-Einlagen, die wir uns selbst ausgedacht hatten. Wir standen auf der Couch oder auf Stühlen und sangen die Lieder, die wir kannten. Es hat sehr viel Spaß gemacht. Dann haben wir auch Lieder gesungen, die nur eine Minute dauerten, und dann war Schluss! Das könnten wir heute nicht mehr machen. Da würden die Leute ein bisschen mehr von uns erwarten. Aber die kurzen Auftritte, als wir jung waren, sind wahrscheinlich das, woran sich die Leute in Trofors noch erinnern. Es war cool, die Lieder, die wir kannten, zu singen und dass es auch noch jemand hören wollte. So war es auch 2011, als wir in Thailand waren und dort »entdeckt« wurden. Im Urlaub wurden wir auf die Bühne geholt, um Lieder vom Kinderchor zu singen, und plötzlich begann der Ball zu rollen. Aber mehr dazu im nächsten Kapitel!

Schon gewusst?
Marcus war der Erste von uns beiden, der in den Stimmbruch kam.

TEST

WER IST WER?

Es gab fast keinen Unterschied, als wir klein waren. Oder doch? Bist du bereit zu erraten, wer wer ist? Die Antworten stehen auf der rechten Seite unten!

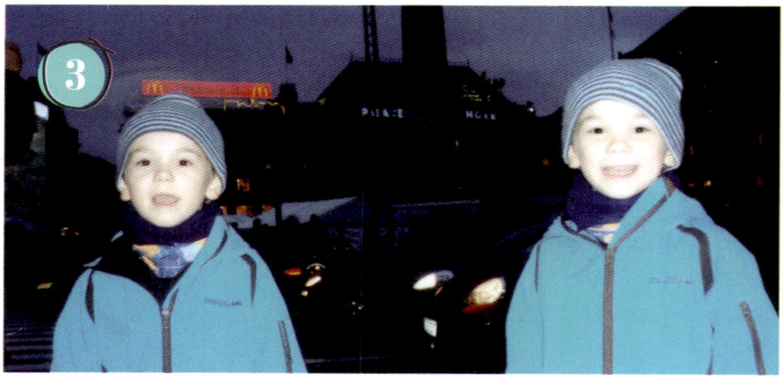

Ergebnis: 1: rechts: Marcus, 2. unten: Martinus, 3: links: Marcus, 4: links: Marcus, 5: vorne: Martinus, 6: links: Martinus, 7: links: Marcus, 8: links: Marcus, 9: links: Marcus, 10: links: Martinus

TOP 7

DIE BESTEN FRISUREN UND KOPF-BEDECKUNGEN VON FRÜHER

Heute ist es unser Papa, der unsere Haare stylt, aber wusstest du, dass er damit schon angefangen hat, als wir Babys waren? Und natürlich hatten wir auch ein paar außergewöhnliche Kopfbedeckungen ...

1 Hier hat man uns Farbe in die Haare gesprüht. Martinus hat Rot, und Marcus hat Grün.

2 Was ist denn hier los? Die Haare stehen uns zu Berge!

3 Mütze mit Kuhmuster und roten »Haaren« oben drauf ... Say no more!

4 Ein Bild aus dem Kindergarten:
Marcus in Glanz und Glitter!

5 Die Indianer kommen!
Marcus mit zwei Jahren.

6 Hier scheint der Stylist (Papa) seinen Haargel-Vorrat wirklich aufgebraucht zu haben!
Martinus im Jahr 2008.

7 Martinus mit unserer Standard-Grundschulfrisur: Hochgegelter Pony, der Rest ungestylt.

Lernen für die Schule zu Hause in Trofors.

Die kleine Emma!

Mit Papas Angel: Ein guter Fang!

Achtung, echte Krokodile!
Papa und wir in Thailand.

Was wir hier wohl entdeckt haben?
Wir sehen etwas verängstigt aus …

Martinus und Marcus beim alljährlichen Fest zur Sommersonnenwende.

Martinus im Schnee.

Frisch gebadet mit vier Armen.

Tante Sissel hat uns Pullover gestrickt.

Mmmm, Zuckerwatte!

Marcus im Tivoli in Kopenhagen.

Martinus mit einem sehr großen Stirnband.

Lecker! Martinus gönnt sich eine Erfrischung in Thailand.

Wir lieben Schnee!

Martinus trifft den Weihnachtsmann.

I love Dad! Beim Schneider in Thailand.

Marcus am Strand.

Feuerwehrmann Martinus.

Straßenmusikanten in Thailand.

Am Tag nach Emmas Geburt.

Martinus gibt alles auf der Bühne.

Opa, guck mal: Wir mit Hanne Sørvaag.

KAPITEL 2:

MELODI GRAND PRIX JUNIOR (Teil 1)

Wer uns schon eine Weile begleitet, weiß, was diesen ganzen Zirkus namens Marcus und Martinus ausgelöst hat: Das war der Melodi Grand Prix Junior, kurz: MGPjr. Dieser Wettbewerb im norwegischen Fernsehen war für uns eine unglaublich coole Erfahrung, und wir hätten uns nie träumen lassen, den zu gewinnen. Und als wir es tatsächlich geschafft hatten, ahnten wir nicht, dass es mehr als nur ein bisschen Aufmerksamkeit sein würde. Aber dann wurde es mehr, so unglaublich viel mehr! Aber lasst uns die ganze Geschichte von vorne erzählen.

Wie ihr im vorherigen Kapitel gelesen habt, fanden wir es immer toll zu singen, und das taten wir auch, wann immer wir die Möglichkeit hatten. »Können wir dir etwas vorsingen?«, fragten wir jeden, der uns über den Weg lief. Natürlich haben wir das auch in unseren Ferien gemacht. Direkt neben unserem Hotel in Thailand gab es eine norwegische Seemannskirche, wo einmal in der Woche Veranstaltungen wie Liederabende stattfanden. Dort gingen wir hin, und irgendwann fragte der Moderator, ob jemand aus dem Publikum etwas singen wolle. Ratet mal, wer sich gemeldet hat! Wir sangen Kinderlieder und einige unserer Kinderchorlieder, und die Mitarbeiter, die dort arbeiteten, waren von uns total begeistert. Das war 2011, und die Geschichte, wie wir »entdeckt« wurden, wurde schon oft erzählt. Vor allem war es großer Zufall. Ein paar Tage nach unserem Auftritt in der Seemannskirche sollte dort ein Konzert im Freien stattfinden – mit Nissa Nyberget, einem norwegischen Musiker, der auch für den Norwegischen Rundfunk NRK arbeitete. Die Mitarbeiter der Seemannskirche hatten sich mit ihm in Verbindung gesetzt und ihm erzählt, dass es zwei Jungs gibt, die gerne und gut singen. Sie fragten, ob wir nicht alle zusammen singen wollten. Dann fragten sie unsere Eltern, ob wir mit Nissa auftreten würden, und die sagten Ja, aber ohne uns einzuweihen. Voll gemein! Am Tag des Auftritts saßen wir mit der ganzen Familie an einem Tisch im Publikum und hörten Nissa zu. Mitten im Lied »Knockin' on Heaven's Door« kam er ins Publikum, nahm uns an die Hand und holte uns auf die Bühne. Man gab uns ein Mikrofon in die Hand, dann haben wir die Herausforderung angenommen – und wir haben Nissa die Show gestohlen! Zuerst

Diese Bilder sind von dem Abend in Thailand, an dem wir »entdeckt« wurden.

sangen wir »Knockin' on Heaven's Door« zu Ende, daraufhin hat Nissa uns dem Publikum vorgestellt: »Das sind Marcus und Martinus!« Dann sangen wir Lieder aus dem Kinderchor, die Nissa nicht kannte, aber er begleitete uns am Klavier, sobald er die Melodie verstanden hatte. Er ist wirklich ein großartiger Musiker! Schließlich schloss sich seine gesamte Band jedem unserer Lieder an, und es wurde ein wirklich toller Auftritt. Nach dem Konzert sagte Nissa, dass wir uns unbedingt bei MGPjr anmelden sollten. Wir hatten die Sendung schon oft im Fernsehen gesehen, aber nie gedacht, dass es etwas für uns wäre. Mama und Papa fragten Nissa: »Meinst du wirklich?« Und er antwortete: »Ja, die Jungs können was!«

Schon gewusst?
Wir machen jedes Jahr in Thailand Urlaub,
weil Mama dort einen Monat im Jahr arbeitet.

Unser allererstes eigenes Lied

Das alles passierte im November. Der Einsendeschluss für MGPjr war der 1. Februar. Im Januar, ungefähr drei oder vier Tage vor Ablauf der Frist, fragte Dad: »Wollt ihr euch nun für MGPjr anmelden oder nicht?« Wir überlegten uns, dass es Spaß machen würde, dabei zu sein, und so sagte er: »Dann müssen wir jetzt anfangen!« Papa nahm sich Stift und Zettel, und dann saßen wir am Küchentisch und versuchten ein Lied zu schreiben. Wo sollten wir anfangen? Zuerst haben wir Stichwörter gesammelt. Sollten wir vielleicht über den Sommer schreiben? Oder über Fußball? Wir wollten über etwas schreiben, was uns gefiel oder an dem wir interessiert waren, aber es war sehr schwierig. Schließlich hatte Martinus die zündende Idee: »Können wir nicht einfach über unser Leben schreiben?« Danach wurde es viel einfacher, und wir versuchten, eine Geschichte über Zwillinge zu machen. Wir saßen dort und warfen Ideen hin und her, was wir in dem Song machen könnten, während Papa uns hier und da half und die Ideen sortierte. Und schließlich hatten wir »To dråper vann« (dt.: Zwei Wassertropfen). Dann gingen wir in ein Studio in Mosjøen und machten eine Art Demoaufnahme des Liedes, die wir dann losschickten. Es war wirklich kurz bevor die Frist abgelaufen war! Wir fragten uns, ob wir einen coolen Gruppennamen haben sollten, aber wir fanden es am besten, uns nur Marcus und Martinus zu nennen. Denn so heißen wir! Und es ist etwas einfacher, sich an den tatsächlichen Namen zu erinnern, als sich sowohl den Gruppennamen als auch die Mitglieder der Gruppe zu merken.

Es dauerte nicht lange, bis man uns schrieb, dass wir zum Vorsingen eingeladen seien, und da waren wir völlig geschockt. Allein das fühlte sich schon an, als hätten wir irgendwie gewonnen. Man denke nur an die Erfahrung, die man bei einem Vorsingen sammelt! Wir waren total froh, so weit gekommen zu sein. Papa fuhr mit uns nach Oslo, und vor der Reise bekamen wir unser allererstes Handy! Darauf waren wir so unglaublich stolz. Wir nahmen uns ein Hotelzimmer direkt in der Osloer Innenstadt und übten dort noch viel, bevor wir zum Vorsprechen gingen. Da mussten wir ohne Papa durch, was beängstigend und aufregend zugleich war. Wir waren gerade erst zehn Jahre alt und waren es gewohnt, unseren Vater überall dabei zu haben!

Das Vorsingen verlief nicht ganz glatt. Es ist schwieriger, vor zehn Leuten zu singen, als vor 60.000. Aber dann hat es auch Spaß gemacht, wir haben versucht, die Leute ein wenig zu unterhalten und lustig zu sein. Marcus sagte: »In der Schule singen wir ständig, die Lehrer sagen immer, dass wir die Klappe halten sollen«, und dann fingen alle an zu lachen. Ein wenig problematisch war, dass Martinus zwischendurch einen Texthänger hatte. Dann stoppte Marcus in der Mitte des Songs und rief nur: »Martinus! Was ist los?!«, aber dann fuhren wir fort. Eigentlich war es egal. Aber wir dachten nur: »Shit, und jetzt?« Wir hatten es zum Vorsingen geschafft, und wir hatten unseren Text so gut gelernt, und dann vergaßen wir ihn, als es drauf ankam. Oh neeiiin … Vorher hatten wir wirklich ein gutes Gefühl, aber nun dachten wir, dass alles vorbei ist.

Bekanntgabe und Countdown

Zu dieser Zeit schauten wir gern eine Gameshow namens »Amigo Grande«, die samstagabends auf NRK lief, mit Stian Barsnes Simonsen als Moderator. An einem Samstag wollten wir sie uns wie immer ansehen, aber bevor es losging, bat unser

Im Studio.

MARCUS'
BROTPAPIER-KRITZELEIEN

Während der Grundschulzeit schrieb ich (Marcus) manchmal kleine Botschaften an Mom und legte sie nach dem Essen in die Lunchbox. Meistens war es eine Rückmeldung zum Essen, und Mama hat sich die (offensichtlich) zu Herzen genommen. Vieles ist falsch geschrieben, aber bitte bedenkt, dass ich damals gerade mal sieben war!

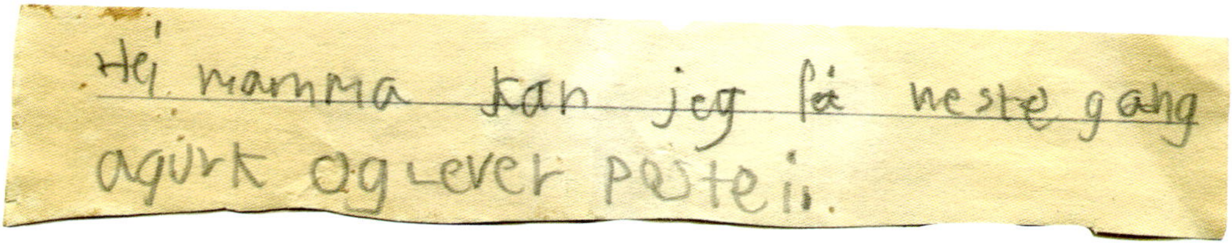

1 »Hei Mama kann ich das nächste Mal eine Gurke und Leberpastete haben«

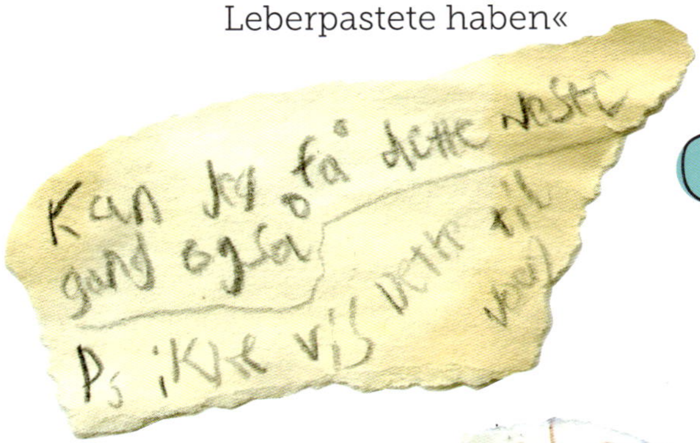

2 »Noch mal dasselbe bitte PS Ich zeig das auch niemandem«

3 »Schuldigung dass ich mein Essen nicht gegessen habe, wir haben viel anderes gegessen :)«

4 »Njam njam
das war lecker«

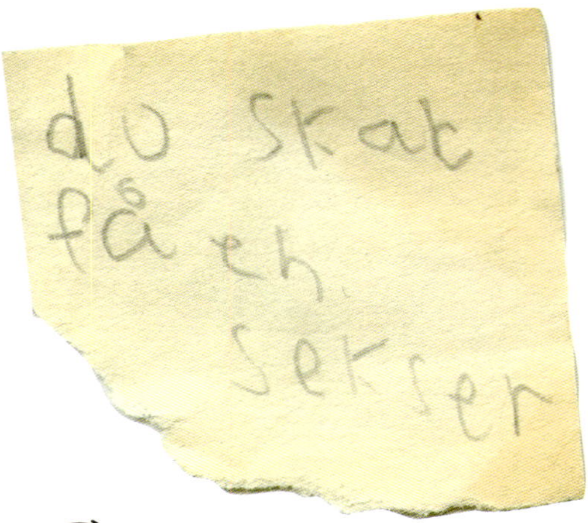

5 »Dafür kriegst du eine Eins«

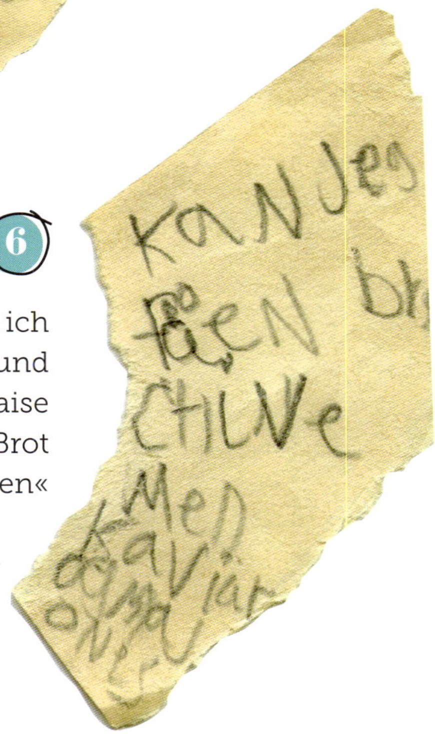

6 »Kann ich
Kaviar und
Mayonnaise
auf mein Brot
haben«

7 »Kann ich was anderes haben und essen?«

Vater uns, aus der Küche ein paar Snacks und Getränke für den Fernsehabend zu holen. Als wir zurück ins Zimmer kamen und die Sendung begann, stand Dad auf und filmte uns beim Fernsehen. Wir fragten mehrmals, warum er filmte, und er sagte nur, dass es für die Großmutter in Trondheim war, um ihr zu zeigen, wie wir unseren Samstagabend verbringen. Bei »Amigo Grande« ging es gleich um Fragen zu MGPjr, und wir vor dem Fernseher versuchten, die richtigen Antworten zu erraten. Dann kam plötzlich diese Frage: »Zwei der Teilnehmer von MGPjr sind wie ›zwei Wassertropfen‹, wie heißen sie?« Wir sahen uns an und wussten nicht, wer gemeint war. Im nächsten Moment drehte sich Stian direkt zur Kamera und sagte: »Marcus und Martinus, ihr seid im Finale von MGPjr!« Das war total krass! Dad hatte uns ausgetrickst, er wusste bereits, dass wir weitergekommen waren, und während wir die Sachen geholt hatten, hatte er eine DVD mit dieser »Amigo«-Aufzeichnung, die er von NRK erhalten hatte, eingelegt. Es war extra für uns gedreht worden, es lief nicht im echten Programm. Voller Freude rannten wir im Zimmer umher und waren so unglaublich happy, dass wir weitergekommen waren. Das hätten wir NIE für möglich gehalten.

Danach bastelten wir zusammen mit Mama und Papa einen Kalender, auf dem wir die Tage herunterzählten, bis wir anderen Leuten erzählen durften, dass wir weitergekommen waren. Das musste drei Wochen lang geheim gehalten werden! Mit jedem vergangenen Tag machten wir ein Kreuz, und dann konnten wir alle damit über-

Mama hat von Beginn unserer Karriere an Erinnerungsalben gemacht. Hier ist der Countdown-Kalender, den wir zusammen während der Zeit bei MGPjr gemacht haben.

Ha ha ha!

MARTINUS' WITZECKE:

Soll ich dir einen Witz erzählen? Er geht so: Marcus.

Schon gewusst?

Wir waren Riesenfans von Justin Bieber, als wir jünger waren, unser Zimmer war voller Poster von ihm.

Es kommt vor, dass wir unseren Text oder die Choreografie vergessen. Dann gilt es, diesen Aussetzer zu überspielen und so zu tun, als sei alles in Ordnung!

Martinus spielt sehr gern Klavier.

raschen, dass wir es geschafft hatten. Es war nicht leicht, nichts zu verraten, aber es klappte. Und als die Nachricht endlich kam, wurden wir in ein Studio in Trondheim eingeladen, um unser Lied richtig aufzunehmen. Es wurden ziemlich große Änderungen vorgenommen, weil die erste Version nur eine Art Demoaufnahme gewesen war. Jetzt wurde es ein richtiges Lied, das bei der Show im Oslo Spektrum aufgeführt werden sollte. »To dråper vann« war komplett fertig, und dann hieß es: warten. Und warten und warten und warten …

Wir haben eine Menge Aufmerksamkeit bekommen, es gab viele Berichte über uns in den lokalen Zeitungen, denn aus Trofors hatte es bis dahin noch keine MGPjr-Finalisten gegeben! In der Zeit haben wir ziemlich viel geübt, und dann waren wir in einem Sommercamp in Trondheim für alle MGPjr-Teilnehmer. Es war sehr nett dort, und wir lernten die anderen Finalisten besser kennen.

Ende August war es endlich so weit, eine Woche noch bis zur großen Show. Wir nahmen uns ein Zimmer im Radisson Hotel in Oslo, zuerst nur Papa und wir, und dann kamen Mama und Emma nach. Am Tag nach dem Finale wollten wir mit der ganzen Familie nach Thailand reisen, da Mama dort arbeiten musste. Wenn wir den Fernseher in unserem Zimmer einschalteten, sahen wir auf NRK Super, wie in der Ecke des Bildschirms ein Countdown war: »3 Tage zum MGP-Finale«, »2 Tage«, »1 Tag« … Und plötzlich waren es nur noch Stunden.

»BEI MGPJR GAB ES SEHR VIELE, DIE ECHT GUT WAREN ... UND DANN KAMEN WIR. ZWEI ZWILLINGE MIT HOHEN MICKY-MAUS-STIMMEN.«

– Marcus

1. September 2012

Der Tag ist gekommen. Wir sind zehn Jahre alt und werden zusammen mit neun weiteren Finalisten im Oslo Spektrum vor mehreren Tausend Menschen auftreten – und nicht zuletzt vor Hunderttausenden Menschen, die vor dem Fernseher sitzen. Nach sechs Monaten Warten ist es nun Zeit für das Finale von Melodi Grand Prix Junior.

Als wir am ersten Probentag zum ersten Mal das Oslo Spektrum betraten, waren wir völlig überrascht von der Größe der Halle. Wir schlugen ungläubig die Hände vor den Mund, als wir uns umsahen und uns vorstellten, wie es sein würde, wenn die ganze Halle mit Publikum gefüllt ist. Es war schwer vorstellbar und fast unmöglich, darüber nachzudenken, wie es auf der Bühne sein würde. Lange hatten wir darauf gewartet, und jetzt sind wir hier. Wir zwei.

Die Atmosphäre hinter der Bühne ist sehr gut, wir können uns vom Musiker LidoLido noch ein paar Tipps holen und denken gar nicht so sehr daran, dass es sich um einen Wettbewerb handelt. Weil es sich nicht so anfühlt! Alle Teilnehmer sind so gute Freunde geworden, außerdem werden wir sowieso nicht gewinnen. Es gibt so viele andere, die gut und fleißig sind und schon viele Fans haben. Es ist so aufregend, hier zu sein. Und wir freuen uns auf etwas völlig Verrücktes! Es sind mehr als nur Schmetterlinge, es ist, als hätten wir eine Bombe im Bauch, die laut vor sich hin tickt!

Unsere Probe verläuft sehr gut, und wir haben viel Spaß mit den Tänzern auf der Bühne. Wir haben das Gefühl, dass alles sitzt. Aber noch immer sind keine Leute in der Halle, es wird wahrscheinlich ein bisschen anders sein, wenn das Publikum da ist. Sehr viele Leute aus Trofors werden kommen, um uns zuzuschauen, über 200, sogar der Bürgermeister! Sie haben grüne T-Shirts mit einem Bild von uns gedruckt, und niemand sonst hat eine so große Delegation hinter sich, die gekommen ist, um uns im Finale anzufeuern – so wie wir uns auch anfeuern müssen.

Ungefähr eine Stunde, bevor wir dran sind, bekommt Marcus heftige Kopfschmerzen. Vielleicht liegt es an der Aufregung, oder vielleicht auch daran, dass es bereits ein langer Tag war. Er bekommt eine Kopfschmerztablette, und als die Crew ihn fragt, ob er noch etwas anderes braucht, antwortet er nur: »Süßigkeiten«, und eine Dame rennt los, um ihm welche zu holen. Als er sie gegessen hat, fühlt er sich tatsächlich viel besser! Es hat also wirklich geholfen. Er denkt: Gut, dass ich jetzt Kopfschmerzen bekommen habe, und nicht erst, wenn wir an der Reihe sind!

Wir werden als Nummer zehn auf die Bühne gehen. Wir waren den ganzen Tag lang schon ganz schön hysterisch, aber jetzt wird es plötzlich ernst, als wir hinter der Bühne stehen und den Künstler sehen, der vor uns singt. Das Lied, die Tänzer, der Lärm des Publikums ... Die Bombe im Magen ist kurz vorm Explodieren, und Marcus wendet sich plötzlich an Martinus – er hat einen Nervenzusammenbruch. »Martinus!«, ruft er aufgeregt, »wir stehen gleich da oben auf der Bühne! Es wird nicht klappen, es wird absolut schrecklich sein! Ich weiß nicht, ob wir das schaffen können!!« Martinus ist ruhig, zumindest äußerlich, er antwortet nur: »Okay ...« Vielleicht war der kleine Ausbruch nötig, dass wir uns noch mal richtig zusammenreißen, denn auf einmal sieht es nicht mehr danach aus, dass wir das Oslo Spektrum im Sturm erobern und es einfach haben werden. Auf der Bühne geht gerade richtig die Post ab.

Als wir die Bühne betreten, läuft das Ganze ein bisschen wie von alleine. Wir können nicht sehen, dass so viele Leute im Publikum sitzen, aber es geht total ab! Und es ist unglaublich cool, mit einem Song, den wir selbst geschrieben haben, auf der Bühne zu stehen. Unsere Bewegungen sind anfangs ein bisschen steif, aber dann wird es besser, und wir kommen auch gut durch das Lied. Bis wir gegen Ende zum »Ohooooh«-Teil kommen, wo wir höhere Töne singen müssen – Martinus haut einmal daneben! Oh nein! Aber wir retten uns am Ende zurück, müssen nichts überspielen und hoffen nur, dass es sich für das Publikum nicht so schlimm angehört hat wie für uns.

Wir rufen: »Vielen Dank, ihr seid ein tolles Publikum! Vielen Dank!«, und laufen von der Bühne, total aufgedreht. Wir haben es geschafft! Es ist gut gelaufen! Hallo? Wir waren auf der Bühne im Oslo Spektrum!! Wie krass ist das denn?!

Dann müssen wir warten, bis entschieden ist, welche vier Songs es in die Superfinals schaffen. Wir denken immer noch nicht ans Gewinnen – ohne Witz, das sieht aus wie eine große Unmöglichkeit. Aber wir reden viel darüber, wie cool es wäre, »To dråper vann« noch einmal zu spielen. Jetzt, da wir wissen, wie es ist, dort oben zu stehen, würden wir alles geben, um es noch mal zu erleben! Absolut alles!

Dann wird das erste Lied, das zum Superfinale geht, aufgerufen. Dann das zweite ... Martinus dreht sich zu Marcus und sagt: »Ich glaube nicht, dass wir dabei sind.« Marcus stimmt ihm zu, das wird nichts mehr. Aber dann nennen sie das dritte Lied, das es geschafft hat. Und das sind wir! Wir sind in den Superfinals! Wir werden unser Lied wieder singen!! Wir sind unbeschreiblich glücklich und stürmen auf die Bühne.

Als wir zum zweiten Mal »To dråper vann« singen, läuft es viel besser. Jetzt sind wir überhaupt nicht nervös, der Knoten ist geplatzt, und wir genießen es, uns ein bisschen lockerer auf der Bühne zu zeigen. Und jetzt haben das Publikum und die Fernsehzuschauer unser Lied zweimal gehört. Das war das Ziel. Vielleicht bekommt es viele Aufrufe auf YouTube und wird auf Spotify gespielt? Vielleicht sehen uns Bekannte und erkennen uns wieder? Tausend Sachen schießen uns durch den Kopf, als wir die Bühne wieder verlassen, aber vor allem sind wir sehr, sehr glücklich und ziemlich erleichtert, dass alles gut gegangen ist.

Als es Zeit ist, den Gewinner zu verkünden, haben wir schon fast vergessen, dass es tatsächlich einen Gewinner geben wird. Für uns war es bisher nur das Superfinale. Und keiner von uns hält es für möglich, dass wir gewinnen könnten, wir freuen uns einfach nur riesig, einen wirklich großartigen Tag gehabt zu haben. Und dann sitzen wir da und warten. Marcus sagt: »Ich glaube nicht, dass wir gewinnen werden.« Martinus: »Ich auch nicht.« Aber wir drücken uns trotzdem die Daumen. Vielleicht doch ...? Wir können nur schwerlich still sitzen, uns ist heiß und kalt, wir zittern vor Aufregung. Die Verkündung des Siegers wird unnötig in die Länge gezogen, sie lassen sich viel Zeit damit. Jetzt müssen sie es einfach sagen, bevor wir hier platzen! Und dann ist es so weit. Die Gewinner sind ...

»MARCUS UND MARTINUS!!!«

Bilder von der Fernsehsendung
»Sommer i Dyreparken«

KAPITEL 2:

MELODI GRAND PRIX JUNIOR (Teil 2)

Als wir als Gewinner von MGPjr 2012 aufgerufen wurden, sind wir fast durchgedreht! Marcus' erste Reaktion war, dass es sich anfühlte wie in einem schnellen Fahrstuhl, es ging durch Mark und Bein und war ein unbeschreibliches Gefühl.

Wir rannten los, um die Trophäe entgegenzunehmen, Marcus lief in die falsche Richtung, und zwar auf die Bühne, also musste Martinus ihn anschreien, dass er wieder zu ihm kommen solle. Alles war komplett chaotisch. Als man die Fernsehkameras auf uns hielt, konnten wir nur sagen, dass wir es so cool fanden, andere Worte kamen uns in diesem Augenblick nicht in den Sinn. Es waren unbeschreibliche Gefühle, und wir waren in Ekstase. Nie zuvor waren wir so glücklich gewesen. Dann wurden Fotos gemacht, Interviews gegeben, Umarmungen und Glückwünsche entgegengenommen. Wir konnten nicht fassen, dass wir tatsächlich gewonnen hatten – überhaupt nicht. Niemand hatte damit gerechnet! Eigentlich sollte MGPjr eine schöne Erfahrung für uns sein, eine coole Sache, der Höhepunkt des Jahres und etwas Extraspaß, von dem man in der Schule erzählen könnte. Und dann haben wir gewonnen. Gewonnen! Es war kaum zu glauben.

Auch Mama und Papa hatten nicht damit gerechnet, dass wir gewinnen würden. Im Vorfeld hatten wir zu Hause viel darüber geredet, dass es sehr viele gute Finalisten gab und die meisten von ihnen zwei bis drei Jahre älter waren als wir. Einige der anderen Teilnehmer waren bereits beim norwegischen »Supertalent« aufgetreten und hatten 10.000 Fans auf Facebook. Und dann wurden wir es, zwei Teenager vom kleinsten Ort der Welt.

Wer hätte das gedacht?

Für Papa ist es immer noch bewegend, wenn er über diesen Abend spricht. Hier erzählt er ein wenig darüber, wie er und Mama es erlebt haben:

Papa: »Es war nicht so, dass Gerd Anne und ich insgeheim sicher waren, dass die Jungs eine Chance hatten. Es war aber auch nicht so, dass wir gar keine Hoffnungen hatten. Aber wir glaubten nicht, dass sie das Lied zweimal singen würden. Dass sie in die Superfinals kamen, war schon überraschend. Als sie als einer der drei Finalisten aufgerufen wurden, dachte ich tatsächlich, sie haben ihr Ziel erreicht. Der Traum, zweimal im Spektrum aufzutreten, wurde wahr, und es gab zwei gute Auftritte! Dann atmeten wir durch und entspannten den Rest der Show. Die Möglichkeit, dass wir gewinnen, hatten wir komplett ausgeschlossen, wir glaubten zu wissen, wer der Gewinner sein würde. Er kam auch ins Finale, das war eigentlich schon eine sichere Nummer. Als sie dann die Namen von Marcus und Martinus sagten, war das ein kompletter Schock. Wir haben gar nicht verstanden, was da gerade passierte, wir haben es nicht geglaubt. Alles, was ich sagen konnte, war: ›Unmöglich!‹ Es war nicht zu glauben!«

Schon gewusst?

Als wir jünger waren, wollten wir Fußballer werden. Fußball macht uns auch nach wie vor viel Spaß, aber wir sind lieber Sänger!

Vor der Show hatte Marcus noch zu Papa gesagt: »Wenn wir gewinnen, darf ich so lange bleiben, wie ich will!« Und Dad hatte zugestimmt, weil er nicht glaubte, dass wir gewinnen würden … Aber gleich nach dem Finale gingen wir direkt zu einer Party für alle Teilnehmer, sodass wir am nächsten Morgen ziemlich spät aufstanden. Und es war auch nicht schwer einzuschlafen, als wir wieder nach Hause kamen – nach so einem langen Tag, trotz der Menge an Softdrinks und Süßigkeiten.

Eigentlich sollten wir am nächsten Tag nach Thailand fliegen, die ganze Familie. Wir waren davon ausgegangen, dass dieser ganze MGPjr-Zirkus am 1. September enden würde. Aber aus dem Urlaub wurde nichts, weil es so vieles zu tun und zu klären gab – Interviews, Terminplanung und so weiter. Also mussten Mama und Emma alleine nach Thailand fliegen, was wirklich sehr traurig war, denn die Reisen nach Thailand gehören zu den schönsten Dingen, die wir jedes Jahr machen. Es war sicher nicht die beste Idee, uns ausgerechnet jetzt all diese Sachen machen zu lassen. So war das alles nicht geplant! Wenn wir jetzt darüber nachdenken, war das alles nur ein kleiner Vorgeschmack auf alles, was später kommen würde – und diese Sachen gehören nun mal dazu, ob man will oder nicht.

Wie ›zwei Wassertropfen‹.

Marcus auf der Bühne.

MAMAS ERINNERUNGSBUCH
TOLLE ANDENKEN

Nach MGPjr wurde sehr viel über uns geschrieben. Toll, dass Mom alles eingeklebt hat! So können wir es uns immer wieder anschauen und alles in Erinnerung behalten!

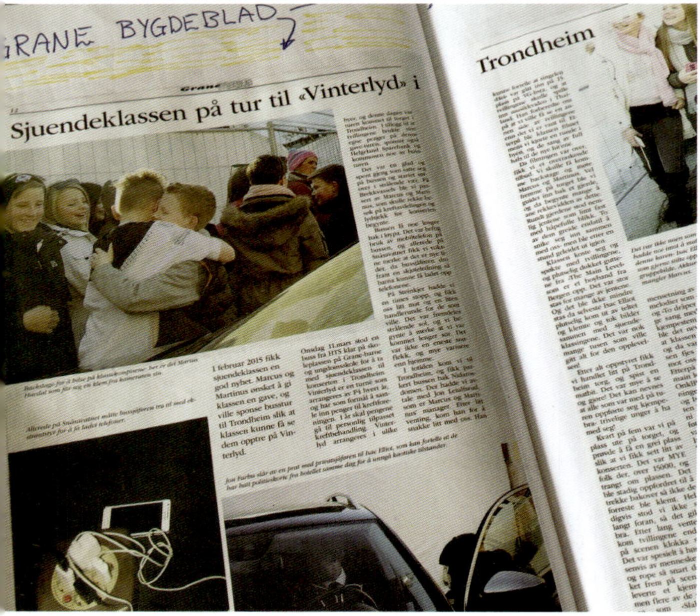

HELGELAND
ARBEIDERBLAD

Popstjerner i hjembygda

Når Marcus og Martinus Gunnarsen (10) fra Grane entrer scenen i Oslo Spektrum 1. september, i finalen i Melodi Grand Prix junior, er rundt 200 granværinger til stede. Blant andre ordfører Bjørn Ivar Lamo. – Jeg synes det er kjempeartig det som skjer rundt Marcus og Martinus. Det skaper lokalt engasjement, sier Lamo. Trofors-tvillingene er i ferd med å bli popstjerner både i hjembygda og på nettet. – Vi har fått flere tilbud om å være kjærester, sier Marcus.

• SIDE 24 og 25

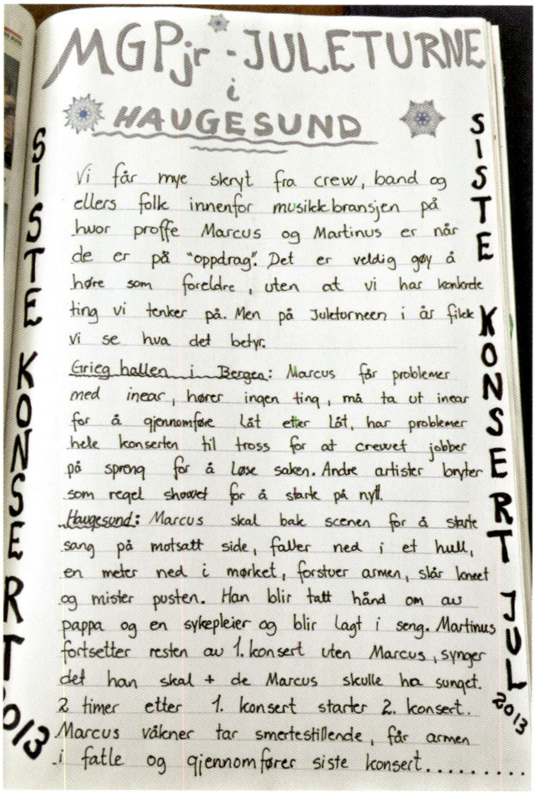
MGP jr - JULETURNE i HAUGESUND

SISTE KONSERT 2013

Vi får mye skryt fra crew, band og ellers folk innenfor musikkbransjen på hvor proffe Marcus og Martinus er når de er på "oppdrag". Det er veldig gøy å høre som foreldre, uten at vi har konkrete ting vi tenker på. Men på Juleturneen i år fikk vi se hva det betyr.

Grieghallen i Bergen: Marcus får problemer med inear, hører ingen ting, må ta ut inear for å gjennomføre låt etter låt, har problemer hele konserten til tross for at crewet jobber på spreng for å løse saken. Andre artister bryter som regel showet for å starte på nytt.

Haugesund: Marcus skal bak scenen for å starte sang på motsatt side, faller ned i et hull, en meter ned i mørket, forstuer armen, slår kneet og mister pusten. Han blir tatt hånd om av pappa og en sykepleier og blir lagt i seng. Martinus fortsetter resten av 1. konsert uten Marcus, synger det han skal + de Marcus skulle ha sunget. 2 timer etter 1. konsert starter 2. konsert. Marcus våkner tar smertestillende, får armen i fatle og gjennomfører siste konsert........

SISTE KONSERT JUL 2013

Herlige Katrine Moholt og Gunnar Greve

»ES IST SCHWIERIGER, VOR ZEHN LEUTEN ZU SINGEN, ALS VOR 60.000.«

– Martinus

Das war ein absolut unbeschreibliches Gefühl, als wir erste Fans hatten.

Es macht immer Spaß, bei »Allsang på Grensen« aufzutreten.

Viele Leute beim Konzert – da stehen wir drauf!

Jammen mit Erik und Kriss während der Aufzeichnung von »Sommer i Dyreparken«.

Schiff ahoi! Kapitän Martinus in Kristiansand.

Wir waren sehr stolz darauf, 2013 an der Vinterlyd-Tour teilzunehmen.

Ein Foto mit dem Rapper Omer Bhatti.

Blick voraus

Im folgenden Jahr hatten wir viele Konzerte und unglaublichen Spaß. Wir bekamen einen Manager, standen sehr in der Öffentlichkeit, haben an der MGPjrs Christmas Tour und an der Vinterlyd- und P4-Sommertour teilgenommen. Es war wundervoll, unterwegs zu sein und aufzutreten! Manchmal war es auch etwas ermüdend. Es gab jeden Tag Auftritte, manchmal auch zwei am selben Tag, und jede Show dauerte insgesamt fast zwei Stunden. Wir waren immer sehr müde, aber es hat sich gelohnt. Natürlich spielten wir bei den Konzerten »To dråper vann« und einige Cover-Songs. Es war ein sehr kleines Repertoire, aber wir hatten nicht mehr. Laut ausgesprochen hat es keiner von uns, aber wir haben beide davon geträumt, vielleicht eines Tages ein Konzert geben zu könnten, bei dem wir nur unsere eigenen Songs singen. Ein Konzert nur von Marcus und Martinus, ganz alleine – könnte das wahr werden? Hin und wieder fühlte es sich sehr weit weg an, aber wir träumten davon.

Schon gewusst?

Wir lesen und kümmern uns um alle Briefe, die wir erhalten! Früher haben wir auch allen geantwortet, aber das geht leider nicht mehr.

NRK hat ziemlich strenge Regeln für das, was nach dem Gewinn von MGPjr erlaubt ist und was nicht. Also sagten wir Ja zu allem, was sie mit uns vorhatten, und folgten den Vorgaben. Uns war bewusst, dass dies nicht lange so bleiben würde. Mama und Papa erinnerten uns oft daran, dass wir uns dieses eine Jahr nach deren Regeln richten müssten, und dann würde es wahrscheinlich wieder ziemlich ruhig werden. Das passiert den meisten, die MGPjr gewinnen. Es gibt ein Jahr lang viel Aufmerksamkeit, aber dann wird ein neuer Gewinner gekürt, und man wird wieder vergessen. Also haben wir all das gemacht, was wir konnten und durften, haben den Song »Leah« veröffentlicht und gemerkt, dass das Publikum offenbar mochte, was wir sangen. Auch wenn es bald vorbei sein würde, konnten wir sicherlich gute Erfahrungen sammeln, an die wir uns noch lange erinnern würden.

Schon gewusst?

Keiner von uns hatte je eine Freundin.

Ein Jahr später war es im Oslo Spektrum wieder an der Zeit, den Preis an einen neuen Gewinner zu vergeben, und es war seltsam, im Publikum zu sitzen und sich zu fragen, was wohl jetzt passieren würde. Wir haben erwartet, dass sich alles beruhigen und wir in Trofors mit Fußball und Schule in unser normales Leben zurückkehren würden. Aber dann ergab sich für uns wieder die Weihnachtstournee und auch das Vinterlyd. Es war einfach unglaublich für uns. Einerseits konnten wir damit helfen, Geld für die Krebsgesellschaft zu sammeln, andererseits durften wir auch wieder auf die Bühne. Anfang 2014 haben wir auf der Vinterlyd-Tour bemerkt, dass wir immer bekannter wurden. Die Zahl unserer Follower in den sozialen Medien stieg an, und nach den Konzerten warteten auch immer mehr Leute auf uns. Zu dieser Zeit fanden wir es schon total verrückt, wenn vier oder fünf Mädchen auf uns warteten! Wir bekamen schließlich Bodyguards und fühlten uns wie richtige Superstars. Aber es ist schon eine komische Vorstellung, Securitys zu bekommen, nur weil vier Mädchen backstage auf einen warten … zumindest wenn man bedenkt, wie es heute ist! Aber es war erstaunlich. Wir merkten, dass sich etwas veränderte. Und dass wir das Ganze mit etwas Glück vielleicht doch etwas länger machen könnten, als wir dachten.

Eines der ersten richtigen Fotoshootings – checkt den Style!

9 SCHLAFBILDER

CHRRRRR …

Eigentlich ist es gemein, Fotos von schlafenden Menschen zu machen, findet ihr nicht auch??

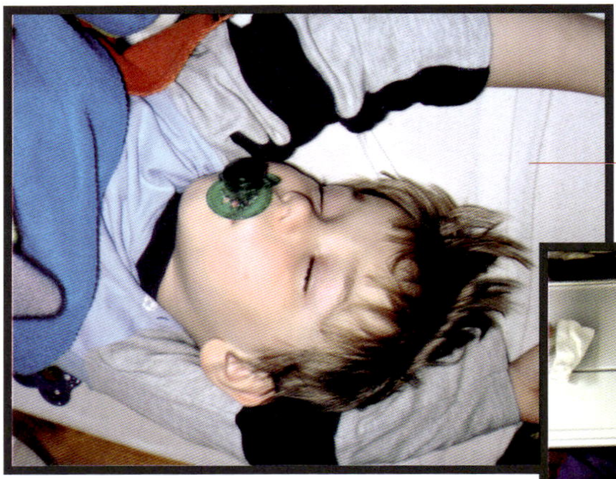

1 Martinus schläft tief und fest mit Schnuller.

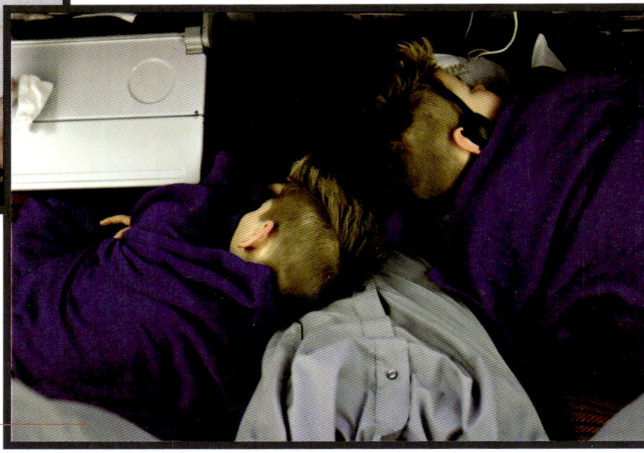

2 Auf Papas Schoß, auf dem Flug nach Thailand.

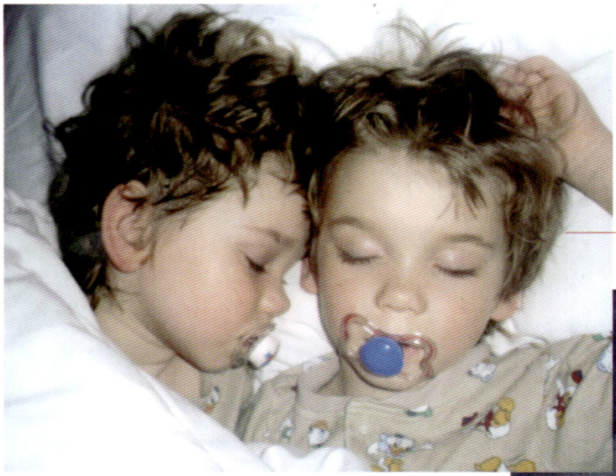

3 Okay, heute müssen wir nicht mehr so doll miteinader kuscheln!

4 Hier sind wir etwa vier Jahre alt, und Marcus scheint zu träumen, dass er fliegen kann!

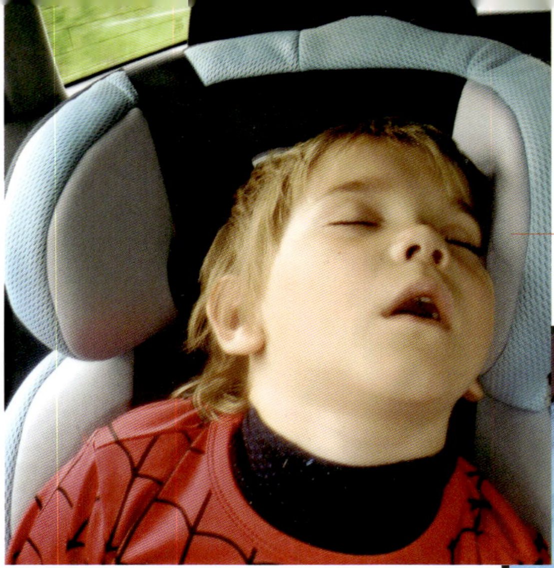

5 Martinus im Spiderman-Kostüm – er ist im Auto eingeschlafen.

6 Coole Schlaffrisur, oder? Marcus mit etwa vier Jahren.

7 Zwei Schlafmützen teilen sich ein Bett.

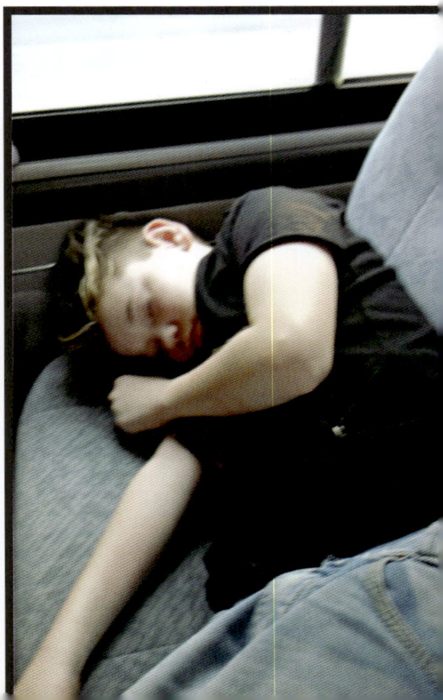

8 & 9

Wir sitzen viel im Auto. Kein Wunder, dass man da müde wird!

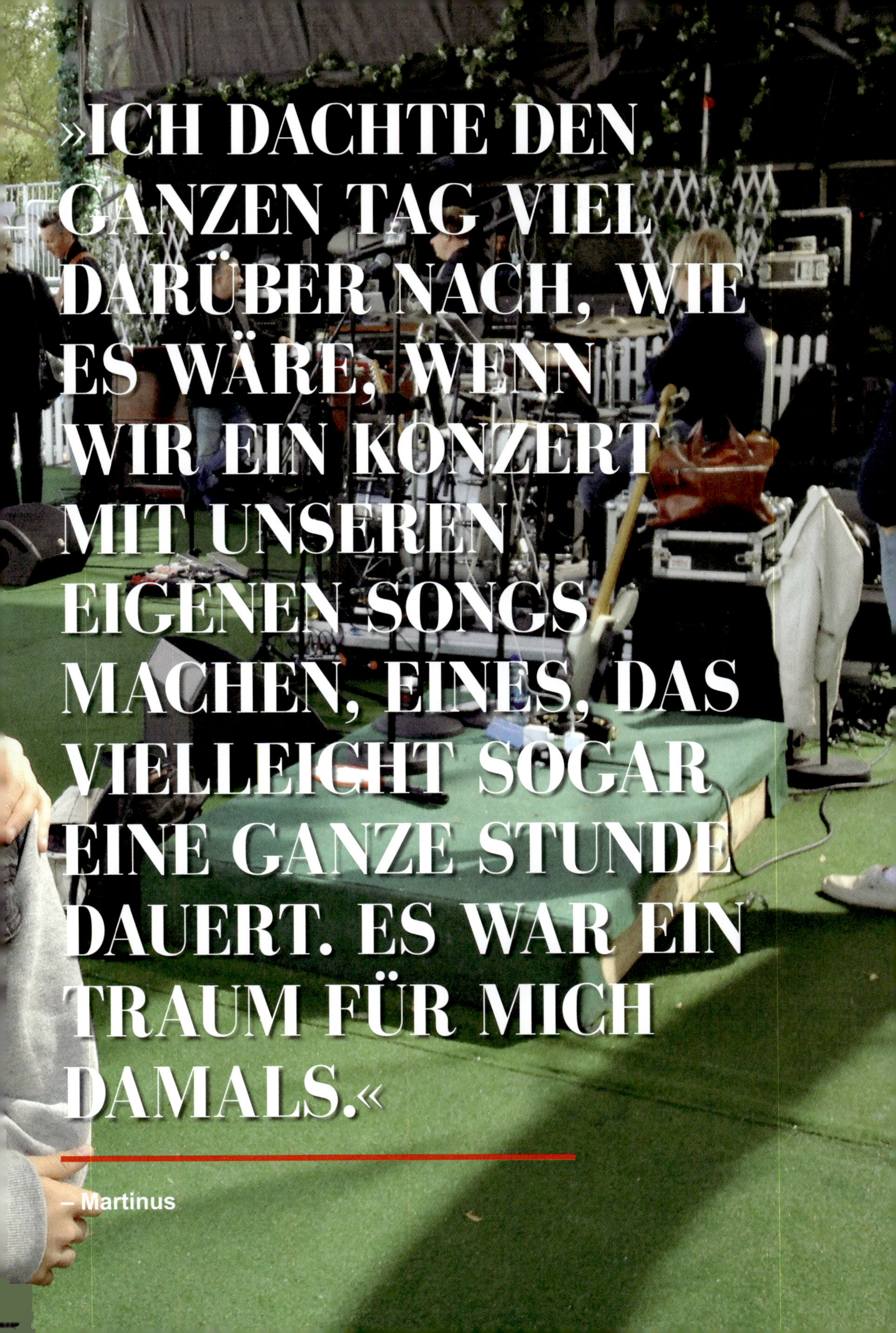

»ICH DACHTE DEN GANZEN TAG VIEL DARÜBER NACH, WIE ES WÄRE, WENN WIR EIN KONZERT MIT UNSEREN EIGENEN SONGS MACHEN, EINES, DAS VIELLEICHT SOGAR EINE GANZE STUNDE DAUERT. ES WAR EIN TRAUM FÜR MICH DAMALS.«

– Martinus

Wir stehen gern auf der Bühne! Schließlich machen wir das ja auch schon eine ganze Weile …

KAPITEL 3:

NEUE WEGE (Teil 1)

Zweieinhalb Jahre nach dem Sieg bei MGPjr kamen wir in unserer Karriere an eine Art Scheideweg. Wir mussten Entscheidungen treffen, einige einfacher als andere – zum Beispiel ob wir etwas ändern oder wie bisher weitermachen wollen. In diesem Kapitel erzählen wir euch genau, was alles passierte, als wir einen neuen Manager bekamen.

Es geht weiter

Es war eine sehr große und schöne Überraschung für uns, dass es nach dem ersten Jahr nach dem MGP-Sieg nicht zu Ende ging. Im Gegenteil, wir wurden für neue Konzerte und lustige Dinge gebucht, zum Beispiel für Vinterlyd oder die Fernsehsendung »Sommer i Dyreparken« mit Janne Formoe und Gaute Grotta Dig, das war wirklich cool, daran teilzunehmen. Wir haben auch ein paar Songs veröffentlicht, »Du« und »Smil«, und wir hatten das Gefühl, dass die Zahl unserer Fans langsam, aber stetig anstieg. Zu dieser Zeit hatten wir einen Manager, den wir nach MGPjr bekommen hatten und der sich um Termine und das Booking kümmerte. Im Laufe des Jahres 2014 entschieden wir aber, die Zusammenarbeit zu beenden. Wir hatten Geschmack am Performen und Touren gefunden und wollten gerne einen Schritt weiter gehen; vielleicht unsere Musik ein wenig weiterentwickeln und unsere eigenen Entscheidungen treffen. Je älter wir wurden, desto mehr wollten wir auch als Marcus & Martinus bekannt sein, und nicht als »die MGPjr-Gewinner Marcus und Martinus«. Wir hätten problemlos ein paar weitere Jahre die vom NRK bekannten Kinderstars sein und »To dråper vann« und all die Lieder singen können, bis es irgendwann vorbei gewesen wäre. Und dann wäre es sehr schwierig geworden, von dort weiterzumachen. Es war Zeit, einen anderen Weg einzuschlagen.

Jedes Mal, wenn wir größere oder kleinere Entscheidungen treffen, setzen wir uns mit der ganzen Familie zusammen und beraten uns. Wir sind fünf Leute, die unter einem Dach leben, und alles, was wir tun, betrifft jeden. Deshalb ist es wichtig, dass alle mit den Entscheidungen einverstanden sind, die wir treffen. Es kann sein, dass wir alle ein bisschen zurückstecken müssen und nicht so viel bekommen, als wenn nur drei von uns diesen langen Weg gehen.

Damals, im Jahr 2014, stand die Frage im Raum, ob wir größer denken oder einfach so weitermachen wollen. Die Antwort war einstimmig: Wir wollten etwas Größeres, etwas noch Cooleres. Wir haben viel darüber geredet, was wir machen wollen. Wir stellten fest, dass einige andere Dinge wegfallen müssen, wenn man ganz auf die Musik setzt. Zum Beispiel spielten wir immer viel Fußball und wollten auch wirklich weitermachen, aber wir wussten, dass wir uns für eine Sache entscheiden müssen. Vor allem, wenn man bedenkt, dass wir auch noch zur Schule gehen. Es würde viel Arbeit bedeuten, und ein zukünftiger neuer Manager würde uns sehr fordern. Aber weder wir noch unsere Familie hatten Zweifel. Wir wollten auf die Musik setzen und versuchen, richtige Künstler zu werden. Jetzt oder nie!

Schon gewusst?

Wir kommen immer mit Input, wenn wir Songs aufnehmen. Irgendwann würden wir gerne Songs ganz alleine schreiben.

»EINES TAGES WERDEN WIR EUROPA EROBERN!«

– Martinus

FANFOTOS
ECHT CRAZY!

Hanna

Aya

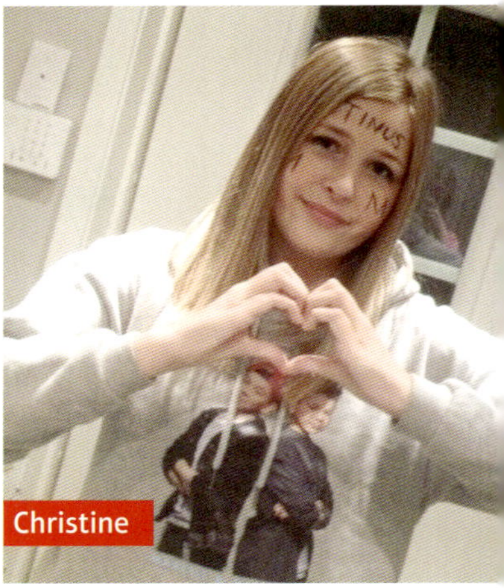
Christine

Aurora (Finnland)

Elin (Schweden)

Madeleine

Malin V

Julie und Åselin

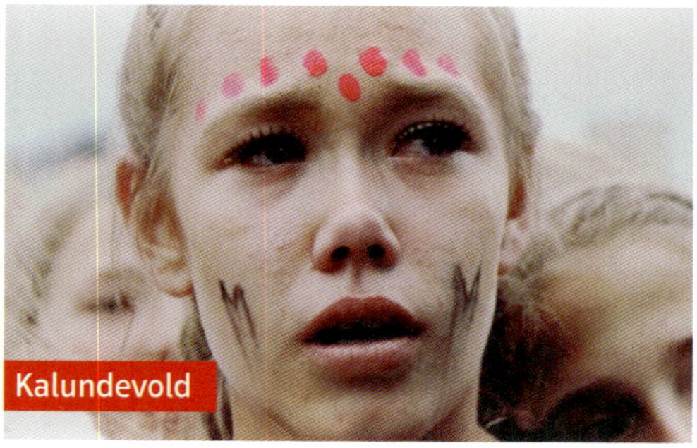

Kalundevold

Sanne und Bettina

Marthe B

Laurentze und Vilde

Sara J

Thea

Sara und Thea

Sarah

Lina (Schweden)

Olivia und Jasmine

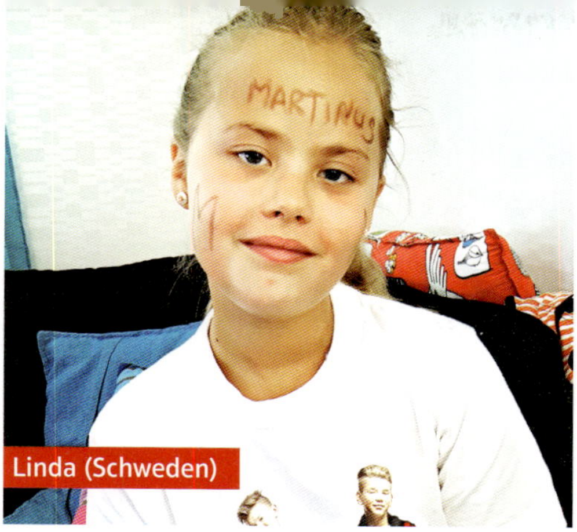

Linda (Schweden)

Vilma

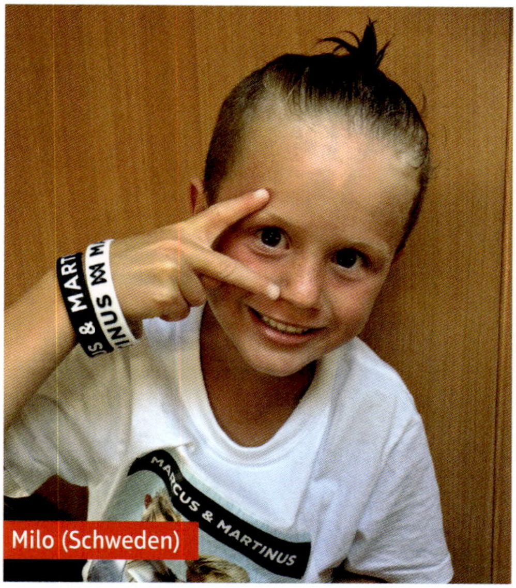

Milo (Schweden)

Siv Merethe

Linn (Schweden)

Ein neuer Manager

Ende 2014 begann unsere Zusammenarbeit mit unserem neuen Manager, Jon. Er hatte früher bei Sony Music gearbeitet, und Dad hatte sich schon mehrmals mit ihm unterhalten, zum Beispiel beim Vinterlyd, wo Jon mit Isac Elliot arbeitete. Wir (oder meistens Papa) standen in Kontakt mit verschiedenen Leuten, die unser Manager hätten werden können, nachdem wir die Zusammenarbeit mit dem alten beendet hatten, aber die Wahl fiel auf Jon, weil er ebenfalls viele Ideen hatte, wie es mit uns weitergehen sollte. Außerdem war er nicht der Manager von irgendeinem anderen Künstler, also hatten wir das Gefühl, dass wir wirklich Priorität haben würden. Und es stimmte! Jon hatte neue und andere Ideen und kannte die Musikindustrie gut, außerdem ist er sehr nett und die Arbeit mit ihm wirklich angenehm. Dann hieß es: ab an die Arbeit! Vieles musste erledigt werden: neue Bilder von uns, neue Musik, neuer Style, neue Webseite; all diese Dinge. In gewisser Weise ein neuer Anfang.

Zuerst hatten wir ziemlich Angst, dass es nach hinten losgehen würde. Es gab nie eine Garantie, dass unsere Fans die neue Richtung mögen würden. Das Gleiche galt, als wir anfingen, auf Englisch zu singen (mehr dazu später!). Wir waren sehr nervös. Wir wollten versuchen, neue Fans hinzuzugewinnen, indem wir etwas Neues machen, aber gleichzeitig wollten wir die alten nicht verlieren! Aber was die Musik betraf, wurde es wirklich ein sehr schöner Übergang. Auf »Hei«, unserem allerersten Album, sollten neben einigen neuen Songs auch unsere älteren Songs erscheinen – und so haben wir die alten und neuen Fans angesprochen. Oft hören wir, dass »Hei« sogar in Kindergärten gespielt wird und dass wir Fans haben, die uns schon seit drei Jahren die Treue halten, was echt toll ist! Obwohl wir jetzt aktuellere Musik machen, finden wir es total verrückt, dass jemand zum Beispiel immer noch »Leah« hört.

Daniel begleitet uns seit zwei Jahren mit der Kamera für einen M&M-Film.

»Så jeg plystrer på deeeeeeg!«

Zusammen mit Madcon bei der Vinterlyd-Pressekonferenz.

Eines der ersten Dinge, die geändert werden sollten, war unser Style. Mama, Papa und Jon hatten schon eine Weile darüber gesprochen, und als sie es uns das erste Mal vorschlugen, dachten wir, sie wären wirklich verrückt. Wir waren immer im Partnerlook unterwegs! Marcus fragte immer und immer wieder, ob sie es wirklich ernst meinten, denn wir hatten nicht das Gefühl, dass wir uns anders kleiden könnten – es fühlte sich sehr seltsam an. Aber dann zeigte uns Jon ein paar Bilder von Künstlern und Gruppen, die sich ebenfalls gleich kleideten. Und dann wurde uns schnell klar, dass wir keine andere Wahl hatten. Bei Kindern sieht es gut aus, aber wenn du älter wirst, sieht es einfach dumm aus. Wir waren uns einig, dass wir es auf jeden Fall versuchen wollten. Zuerst war es sehr seltsam, aber es fühlte sich schnell richtig an. Wenn wir heute etwas Ähnliches anziehen, werden wir fast sauer aufeinander. »Eyyyy, warum hast du das an? Ich wollte es heute anziehen!« So etwa in der Art. Es hat sich komplett umgedreht! Außerdem erhielten wir noch professionelle Hilfe bei Instagram und Facebook, machten ein Interview mit der Jugendzeitschrift »Julia« und lauter solche Dinge, die uns schnell klarmachten, dass es noch sehr viel mehr Arbeit geben würde. Aber gleichzeitig war es auch sehr lustig und unglaublich aufregend. Als wir mit Jon loslegten, gab es sehr oft Momente wie diesen: »Verarschst du uns? Wir gehen zur ›Julia‹?!« Er kam mit vielen Dingen an, die für uns völlig neu waren. Es war großartig.

Anfang 2015 gingen wir erst mal ins Studio, um neue Musik aufzunehmen. Damit kennen wir uns aus! Wir wollten, dass unsere neuen Songs für diejenigen erkennbar sind, die uns schon früher mochten, sie sollten typisch für uns sein! Damit meinen wir, dass unsere Musik fröhlich sein soll, und wir wollen uns nicht verstellen, sondern einfach wir sein. Vielleicht gibt es hier und da eine Ausnahme, aber wir wollen, dass man einen Marcus & Martinus-Song erkennt! Wir wollen nicht wie Justin Bieber klingen. Im Dezember des vorherigen Jahres hatten wir Kontakt zu den Songwritern und Produzenten Erik Fjeld und Magnus Bertelsen aufgenommen, die unter anderem für Staysman, Disaster und Morgan Sulele Musik machen. Sie begannen, an Songs für uns zu arbeiten, und Kriss vom Duo Erik und Kriss schrieb zusammen mit dem Produzenten Erik Smaaland den Song »Hei«. Das war richtig toll für uns, da wir Erik und Kriss sehr liebten, als wir noch jünger waren. Natürlich sind wir immer noch Fans von ihnen! Unsere Produzenten Magnus und Erik sind megagut, wir haben immer eine tolle Zeit mit ihnen im Studio. Wir sind vielleicht nicht immer hoch konzentriert, aber wir lieben die Studioarbeit. Abgesehen von Auftritten macht es am meisten Spaß, neue Songs aufzunehmen. Die Songs zum »Hei«-Album waren für uns ein ganz neues Level, und es war auch viel schwieriger als zuvor. Es war harte Arbeit und bedeutete hohe Anforderungen an uns, aber es hat auch Spaß gemacht. Das Schwierigste waren vielleicht all die kleinen Dinge, wie zum Beispiel den Ton für lange Zeit perfekt zu halten, alles richtig zu singen, mit der Stimme auf schöne Art hoch und runter zu gehen … Und dann muss man ganz konzentriert sein, auch wenn man müde ist. Im Studio bekamen wir auch gezeigt, wie man beim Singen mit der Stimme »lächelt« oder wie man »cool« singt. Neue Wege, einfach zu singen – das haben wir gelernt! Es war großartig, dieses Album aufzunehmen. Außerdem haben wir so viele neue Leute kennengelernt, mit denen wir sehr zufrieden waren.

Schon gewusst?
Wir haben geheime Telefonnummern und geheime Namen bei Skype und dergleichen.

Plattenvertrag!

Im Februar bekamen wir eine weitere tolle Nachricht: Die Plattenfirma Sony Music wollte einen Plattenvertrag mit uns abschließen. Ein Plattenvertrag bedeutet, dass du sehr gut mit allem, was mit der Musik und mit Promotion zu tun hat, unterstützt wirst. Die Plattenfirma hilft dir dabei, die Musik auf YouTube und Spotify zu veröffentlichen, und macht für dich Werbung. Und dann helfen sie, Journalisten zu kontaktieren, die vielleicht über uns schreiben, und sie übernehmen die Kosten fürs Studio, für Reisen und solche Dinge. Wir erinnern uns sehr gut an diesen Tag: Eines Nachmittags nach der Schule zeigte Papa uns eine E-Mail von Sony Music, in der sie schrieben, dass sie mit uns zusammenarbeiten wollen. Sie ließen uns wissen, dass ihnen gefiel, was wir machten, und dass wir sehr weit kommen könnten. Es war sehr aufregend. Eine der größten Plattenfirmen der Welt, die Stars wie Beyoncé und One Direction unter Vertrag hat! In dieser Nacht haben wir fast nicht geschlafen, weil es sich so groß anfühlte. Am Tag danach leisteten wir es uns, etwas zu feiern. Außerdem haben wir uns mit der Familie zusammengesetzt, um uns wieder mal zu beraten. Wir haben darüber gesprochen, dass wir uns vielleicht ein bisschen mehr mit der Musik beschäftigen müssen und wohl nicht mehr die Zeit für die Dinge haben würden, die wir vorher gemacht hatten. Aber wir zweifelten nicht daran, dass wir auf dem richtigen Weg waren. Jetzt sind wir schon lange bei Sony Music, und seit der Unterzeichnung ist viel passiert. Es ist sicherlich eines der besten Dinge, die wir gemacht haben!

Hier sind wir zusammen mit Erik Fjeld und Magnus Bertelsen, die viele unserer Songs geschrieben und produziert haben.

Total konzentriert im Studio.

Erfolg mit neuen Liedern

Wir waren wirklich neugierig, wie die neuen Songs ankommen würden. Einige von ihnen hatten wir in diesem Jahr auf dem Vinterlyd getestet und zum Glück festgestellt, dass sie wirklich gut angenommen wurden! »Plystre på deg« war die erste Single, die kurz vor Erscheinen unseres Albums veröffentlicht wurde und sofort sehr gut ankam. Eine Woche später folgte das Album. Ende Februar 2015 waren wir beim Vinterlyd in Bergen, saßen im Hotel und aßen zu Mittag, als jemand die aktuelle »VG« mitbrachte. Wir schauten hinein und sahen, dass das Album auf der VG-Liste, den norwegischen Charts, auf dem 15. Platz von insgesamt 40 war – echt krass! Das war die Bestätigung, dass wir das Richtige gemacht hatten. Die Rechnung war aufgegangen! Das Album hielt sich einige Wochen lang auf den mittleren Plätzen der VG-Liste, bevor es im Juni plötzlich einen Sprung nach oben machte. Das reichte aus, um beim VG-Liste-Konzert am Rådhusplassen in Oslo dabei zu sein. Als wir gerade YouTube-Videos für die »Julia« drehten, erhielten wir die Nachricht, dass wir zum ersten Mal auf Platz 3 waren. Es macht heute noch Spaß, sich dieses Video anzuschauen, so hoch waren wir in den Charts bis dahin noch nie gewesen. In dem Video hört man uns nur sagen: »Ernsthaft? Ernsthaft?!?! Du machst jetzt keine Witze, oder?« Immer und immer wieder. Wir konnten es nicht glauben. Platz 3 auf der VG-Liste, den offiziellen Albumcharts in Norwegen? Das war total crazy!

Drei Tage vor dem VG-Konzert auf dem Rådhusplassen im Jahr 2015 hatten wir einen Tag im Studio, wo der Plan eigentlich war, Akustik-Versionen von »Plystre på deg« und »Gæærn« aufzunehmen. Aber dann kam Erik mit einer Songidee, die wir megacool fanden, also beschlossen wir, den Plan zu ändern und diesen Song aufzunehmen. Kurzerhand wurde ein Text geschrieben, und wir fingen mit der Aufnahme an. Als Sony Music das Lied hörte, sagten sie, dass es im Sommer veröffentlicht werden und so schnell wie möglich ein Musikvideo bekommen müsse. Dieser Song war »Elektrisk«, und wir hatten ungefähr einen Monat Zeit, um das Lied fertig zu machen und ein Video zu drehen, und das, obwohl wir eine ganze Reihe von Konzerten hatten. Es wurde viel hin und her überlegt, wen wir als Feature in dem Lied haben wollten. Wir fragten Petter Katastrofe, der zunächst unsicher war, ob er überhaupt der Richtige dafür sei, weil er sich für zu alt hielt. Aber dann machte er mit. Und bevor das Lied fertig war, begannen wir mit dem Dreh des Musikvideos. Petters Strophe war noch nicht mal aufgenommen, als wir mit dem Filmen begannen! Die Szenen mit Maren Sofie und Jennie Sofie waren die ersten, die gefilmt wurden, und wir haben den Song erst fertig gehabt, als das Musikvideo fast fertiggestellt war. Bei diesem Lied haben wir alles in umgekehrter Reihenfolge gemacht, weil es so schnell gehen musste.

Am ersten Tag der Veröffentlichung wurde »Elektrisk« in Norwegen über 40.000 Mal gestreamt und ging nach nur wenigen Stunden bei iTunes direkt auf den ersten Platz. An diesem Tag traten wir beim Morell Festival in Hardanger auf, und natürlich waren wir total happy, als wir die Nachricht erhielten. Martinus sauste los, lief an der Hotelrezeption auf und ab und wiederholte ständig: »Ich muss Jon anrufen! Ich muss Jon anrufen!« Das war echt lustig, und wir waren unglaublich stolz. Der erste Platz. Es gibt nicht viele, die dort ankommen. Dessen waren wir uns bewusst, und vor allem auch, als unser Album schließlich auf Platz eins der VG-Liste kletterte. Nummer eins! Das Beste in Norwegen! Dass jemand unsere Musik so oft streamte, SO OFT – wie krass war das bitte?! Und das Musikvideo ging auf YouTube total durch die Decke. »Was geht da bloß mit ›Elektrisk‹ ab?« Jeden Tag kamen 100.000 Klicks dazu, es war total unglaublich. So viele Leute, die ihre Zeit mit diesem Song verbracht und das Video angeschaut haben – wie cool ist das denn? Und schon bald hatten es auch Leute in Schweden, Dänemark, Finnland und vielen anderen Ländern gesehen.

Wir fanden es natürlich megacool, dass wir die Erfahrung machen durften, an der Spitze der Charts zu stehen, wie etwa mit »Elektrisk«, »Girls« oder der Fan-Edition des »Hei«-Albums. Aber wir stehen auch unter Dauerstrom, mit all der Aufmerksamkeit und dem stürmischen Beifall. Es ist nicht so, dass wir versuchen, irgendwas abzubremsen, oder dass wir denken, wir sollten mal einen Gang runterschalten. Dafür machen wir es! Sind wir zu Hause, feiern wir mit Kindersekt und oft mit Kuchen. Und ja, wir feiern richtig! Zu Hause müssen wir ja nicht darüber nachdenken, ob uns jemand sieht – da können wir tun und lassen, was wir wollen! Und wisst ihr was? Es hört nicht auf, fantastisch zu sein, wenn man auf Platz eins ist, obwohl wir es jetzt schon einige Male erleben durften. Wir. Sind. SO. Happy!!

Der Erfolg von »Hei« dauerte lange Zeit an. Wir waren zwar nur eine Woche auf der Nummer eins, aber insgesamt ist unser Album seit über 75 Wochen auf der VG-Liste! Im Sommer dieses Jahres haben wir auch einen historischen Rekord aufgestellt. »Hei« ist seit einem ganzen Jahr in den Top 10 der VG-Liste, als erstes norwegisches Album überhaupt! Oh mein Gott. Das waren nicht a-ha oder andere norwegische Künstler – die auch großartig sind –, die dies geschafft haben. Nein, wir sind es. Es ist einfach so unglaublich, dass wir das alles erleben dürfen. Und es ist so viel mehr, als wir uns erträumt haben!

Schon gewusst?

Wir haben unser eigenes Heimstudio im Keller!

EIN BESONDERER TAG

Samstag, 20. Juni 2015: Wir sind in Oslo, und es ist nicht sehr heiß draußen, auch wenn es Sommer ist und Schulferien sind. Für uns ist es ein ganz besonderer Tag. Heute findet endlich die große VG-Show auf dem Rådhusplassen statt, und wir sind dabei! Das ist so crazy. Es war schon immer unser großer Traum, wir haben die Show schon so oft im Fernsehen gesehen, mit all den verschiedenen Künstlern, und wir haben davon geträumt, selbst mal dort auf der Bühne zu stehen. Und jetzt haben wir es geschafft! Es ist völlig unbeschreiblich. Als wir es erfuhren, konnten wir es erst gar nicht glauben!

Papa wusste schon eine ganze Weile davon, aber es dauerte ziemlich lange, bis wir darüber informiert wurden, vielleicht weil er Angst hatte, dass daraus nichts werden würde. Er hatte mehrere Meetings mit den Showproduzenten und spielte ihnen Songs aus dem »Hei«-Album vor.

Sie fanden uns gut und sagten, dass wir vielleicht bei der Show dabei sein könnten, aber sie mussten erst abwarten, wie das Album lief. Glücklicherweise hat es sich dank unserer fantastischen Fans sehr gut verkauft! Und so sollten wir an der größten Show Norwegens teilnehmen.

Unser Manager Jon war es, der uns anrief und uns einweihte. Während wir mit ihm sprachen, filmte Papa uns, und dabei sind wir komplett durchgedreht. Wir sind vor Freude ums Haus gelaufen und wussten nicht, wo uns der Kopf steht. Es war unglaublich. Absolut unbeschreiblich und einfach so cool!

Und jetzt ist der Tag gekommen. Wir stehen hinter der Bühne und hören den Lärm der Zuschauer da draußen. Wie viele Tausend sind es wohl? Irgendwer spricht von fast 100.000 Menschen, und der Blick auf das Menschenmeer ist atemberaubend. Es kribbelt im Bauch!

In den letzten Wochen gab es eine Menge Arbeit für uns, viele Proben in Sachen Choreografie und Gesang, damit alles perfekt klappt. Gestern hatten wir Generalprobe mit den Tänzern und allen Kameras, um zu sehen, wie wir uns auf der Bühne bewegen müssen, und wir sind zweimal alles durchgegangen. Jetzt muss es sitzen. Aber was, wenn nicht? Auch wenn wir versuchen, nicht darüber nachzudenken, ist einem immer bewusst, was alles schiefgehen kann. Stellt euch vor, einer von uns singt einen schiefen Ton, und dann steht es bis in alle Ewigkeit auf YouTube!!

Darüber hinaus hatten wir beschlossen, bei »Plystre på deg« einen anderen Anfang zu spielen. Die erste Strophe beginnt akustisch mit Martinus am Klavier, bevor wir das Tempo erhöhen und den Rest des Songs so spielen, wie man ihn kennt. Das ist eine Extra-Challenge, und wir merken, dass wir nervös sind. So etwas passiert uns selten, wir genießen es normalerweise jedes Mal, wenn wir auftreten! Aber heute ist das völlig anders. Der Tag war bereits sehr lang, alles war so aufregend und ziemlich ermüdend, während wir nur auf diesen Moment gewartet haben. Das Warten war wirklich das Schlimmste! Wir wurden von einem Fahrer am Hotel abgeholt, er kam in einem dunklen Auto und fuhr mit uns durch die Straßen, die aufgrund des Konzertes für den gesamten Verkehr gesperrt waren. Zum ersten Mal erlebten wir, wie es war, zwischen all den Promis zu sein. Wir waren schon einige Stunden vorher vor Ort, sind über den roten Teppich gelaufen und wurden von vielen verschiedenen Journalisten interviewt – zusammen mit anderen Künstlern wie Astrid S, The Main Level, Gabrielle und The Fooo Conspiracy.

Gleich sind wir an der Reihe. Uns gehen so viele Gedanken gleichzeitig durch den Kopf, wir sind total aufgeregt. Papa verhält sich so wie immer. Er ist wahrscheinlich auch sehr nervös, versteckt es aber ziemlich gut. Wir merken nur, dass er unruhig wird und immer wieder alles Mögliche prüft – ob alle Mikrofone an sind und solche Dinge.

Wir wärmen uns auf mit Übungen, die wir normalerweise immer vorher machen, aber wir merken schon, dass unser Herz ein wenig stärker klopft als sonst. Martinus ist ein bisschen nervös, da er zuerst Klavier spielen wird und somit keinen lauten Song hinter sich hat. Aber wir sagen uns, dass wir so etwas schon oft gemacht haben. Das ist nichts Neues. Es sind viele Leute da, aber wir wissen, dass es wieder mal freaky werden wird. Wir versuchen, die Energie gut zu nutzen. Anstatt einander zu beruhigen und zu sagen: »Ganz ruhig, entspann dich«, sagen wir: »Ja! Das wird so cool! Yeah!«

Dann geht es plötzlich sehr schnell. Wir werden auf die Bühne gebracht. Dad, der uns immer und überallhin begleiten will, muss uns hier gehen lassen. Er muss hinter der Bühne bleiben und sieht uns auf einem Bildschirm zu, während wir hinausgehen und Tausende von Menschen dort unten stehen sehen. Es gibt viele, die sich »M & M« auf die Wangen gemalt haben, was echt mega aussieht. Wir können nicht anders als zu lächeln, während wir uns darauf konzentrieren, was wir gleich auf der Bühne machen müssen. Aber alles läuft super. Und uns geht es super!

Der Anfang des Songs klappt sehr gut, und das Gefühl, wenn die Musik richtig losgeht und wir auf der großen Bühne loslegen können, ist unbeschreiblich. Unsere Tänzer sind supergut drauf, alles fühlt sich noch besser an als sonst. Wir denken an alles, was wir geprobt haben, alle Schritte und Bewegungen sitzen. Auf der großen Leinwand sieht man für einen kurzen Moment Marcus' überaus konzentriertes Gesicht, bevor er ein breites Lächeln zeigt und von der Bühne zum Publikum rennt. Es ist so unglaublich cool, vor der Bühne entlangzulaufen und so viele Hände wie möglich abzuklatschen. Wir versuchen möglichst viele Eindrücke mitzunehmen, aber alles geht so schnell. Das Gefühl, das wir auf dieser Bühne im Körper haben, ist einfach verrückt. Und als Martinus den einen hohen Ton am Ende absolut perfekt hält, ist der Rest nur noch ein Kinderspiel. Dann gibt es freudige Gesichter, Tanz und Fun auf dem Rathausplatz. Was für ein Publikum!

Danach werden wir direkt von P3 interviewt. Dann rennen wir von der Bühne direkt zu Dad, der auf uns wartet. Er hat Tränen in den Augen, weil er so stolz auf uns ist, und wir haben ein unbeschreiblich gutes Gefühl im Körper. Es ist einfach unmöglich, es zu beschreiben, denn es ist anders als alles, was wir kennen.

Wir haben schon viel erlebt, aber das VG-Konzert am Rådhusplassen schlägt alles. Es ist unmöglich zu beschreiben, wie es war, es ist unmöglich zu erklären, wie es ist, dort oben zu stehen. Stellt euch vor, fast 100.000 Menschen!!

Es ist das Beste, was wir je erlebt haben. Nicht nur in diesem Sommer, sondern in unserem ganzen Leben.

WE <3 MM-ERS!
FANS IN NORWEGEN

Wir haben die besten Fans der Welt! Schaut mal hier!

Marthe Cathrine

»Ich bin MMer, weil sie coole Lieder singen und weil sie so toll und nett sind. Hier haben meine Schwestern und ich Marcus & Martinus während der Ferien getroffen. Grüße, Mia«

Celine Marie

»Ich bin MMer, weil Marcus und Martinus großartig mit ihren Fans umgehen und sich um jeden kümmern <3 Sie sind absolut fantastisch, und außerdem haben sie unglaubliche Stimmen! Ich lächle jedes Mal, wenn ich ein Foto oder ein Video von ihnen sehe, egal in welcher Stimmung ich bin<3 /Ronja«

Leah

»Ich bin MMer, weil: Marcus und Martinus können sehr gut singen. Sie machen sehr gute Lieder. Und sie sind sehr süß <3 Grüße, Malin«

»Ich bin superfroh, weil ich die Möglichkeit hatte, MMer zu werden und weil ich so viel Spaß hatte und neue Freunde wegen der Jungs gefunden habe <3 / Kamilla«

»Ich bin MMer, weil … ich weiß, dass ich sehr anders aussehe, aber offenbar stört es die Jungs überhaupt nicht. Wenn sie mich treffen, behandeln sie mich wie jeden anderen. Und ich LIEBE die Musik, die sie machen <3 / Rie«

»Ich denke gern daran, wie ich euch in Storo getroffen habe! Ihr macht uns sehr glücklich! Ihr seid unser Sonnenschein! Einen Drücker von Nourye«

»Marcus und Martinus haben etwas ganz Besonderes, was man kaum mit Worten beschreiben kann. Ich bin ein MMer, weil ich ihre Musik liebe, sie sind gut im Singen und Tanzen und sie sind sehr nett zu ihren Fans. Und außerdem sind sie auch sehr süß! Grüße Thea«

»Ich bin ein großer Fan von Marcus und Martinus, ich kann nicht beschreiben, wie sehr ich ein Fan bin! Ich habe viele Poster und Bilder von euch an der Wand hängen. Werde bald mehr Platz brauchen. Umarmung von Mille«

»Meine beste MM-Erinnerung war, als sie in Lunde beim Sluserock spielten und ich ein Armband für den vorderen Bühnenbereich bekam. Ich stand drei Stunden und wartete darauf, dass sie auf die Bühne kamen! Ich war in der ersten Reihe. Es war sehr heiß, aber glücklicherweise habe ich immer genung Wasser bekommen, wenn ich es brauchte. Iben«

Kaja

Nora

Jenny

»Wir sind MMer, weil Marcus und Martinus sehr gut singen können und sehr nett und cool sind! Grüße, Brage Alexander und Trym Andreas«

»Marcus und Martinus sind zwei absolut süße Jungs, die so talentiert sind und ihren Fans so viel Freude bereiten! <3 / Rikke HH«

»In erster Linie freue ich mich darauf zu sehen, wie ihr euch entwickeln werdet, weil ich Fan von euch bin, seit ihr angefangen habt. Bin gespannt auf die Veränderungen und Fortschritte. Natürlich finde ich euch sehr süß, ihr seid tolle Sänger. Grüße, Mia Isabella«

»Ich bin ein MMer, weil ich die Musik von Marcus & Martinus mag. Sie sind zwei wundervolle Jungs, die man sofort mag. Ich bin so unglaublich stolz auf Marcus & Martinus, das hätten sie ohne <3 nicht geschafft. / Marlene <3«

»ICH FINDE ES SEHR AUFREGEND, DASS WIR DIE MÖGLICHKEIT BEKOMMEN, KONZERTE ZU GEBEN.«

– Martinus

Fotos vom »Girls«-Videodreh.

KAPITEL 3:

NEUE WEGE (Teil 2)

Nach den VG-Liste-Konzerten in Oslo und Trondheim ging es für den Rest des Sommers Schlag auf Schlag weiter. Wir haben »Elektrisk« am 24. Juli veröffentlicht, und bereits einen Tag danach spielten wir es live im Rahmen des Norway Cup, eines jährlichen großen Fußballturniers. Dann hatten wir noch viele Konzerte und haben eine weitere Single, »Ei som deg«, herausgebracht. Wir hatten es zuerst in Oslo gespielt, waren damit aber nicht ganz zufrieden. Dann kam Magnus zu uns nach Trofors, um mit uns ein paar Tage an dem Song zu arbeiten. Das Endergebnis hörten wir uns auf dem Flur vor unseren Zimmern an, und um hier den besten Sound zu haben, hatte Papa sogar eine Bettdecke an die Decke genagelt! Was jenen Sommer und Herbst angeht, erinnern wir uns am besten an die Zeit, in der wir nur Konzerte spielten und neue Lieder aufnahmen. Wir wollten etwas ganz Besonderes veröffentlichen, ein spezielles Fan-Edition-Album. Es erschien im November und enthielt akustische

Versionen einiger Songs vom »Hei«-Album sowie »Elektrisk« und »Ei som deg«. Und dann folgte noch ein kleines Buch, das man durchstöbern konnte, mit Kinderbildern von uns und exklusiven Inhalten, die noch nie zuvor jemand gesehen hatte. Als wir das »Hei«-Album zum ersten Mal veröffentlichten, gab es ja in gewisser Weise niemanden, der darauf gewartet hatte, aber mit den Fan-Specials hatten wir jetzt die Chance, viel Aufmerksamkeit zu bekommen, zum Beispiel in den sozialen Netzwerken und so weiter. Und dann ging es direkt auf den ersten Platz, was extrem cool war!

Ein verrückter Manager

Eine andere Sache, um die Jon sich sofort gekümmert hatte, nachdem er unser Manager wurde, war, fast zwei Jahre im Voraus das Oslo Spektrum zu buchen – und das, bevor wir das Album beendet hatten, bevor wir überhaupt unser »Comeback« hatten, bevor wir tatsächlich Erfolg hatten. Wir hielten ihn für total verrückt. Er meinte, wir könnten das Spektrum drei bis vier Mal ausverkaufen, und Marcus rief: »Jon! Jetzt komm mal runter, wir werden nur 500 Tickets verkaufen!« Wie gesagt, wir hatten zunächst eine Pause eingelegt, um uns neu auszurichten, weil wir spürten, dass wir nicht weiterkamen. Wir dachten damals tatsächlich, wir wären am Ende. Aber so war es ja zum Glück nicht. Jon war sich die ganze Zeit sicher, dass das Oslo Spektrum für uns in Ordnung gehen würde, sogar zwei Mal. Und dann kam der Tag, an dem die beiden Konzerte, die Jon für uns gebucht hatte, sogar um Tickets erweitert wurden. Wir waren gerade in Los Angeles, um dort mit neuen Produzenten zu arbeiten, etwas auf Englisch aufzunehmen und Musikvideos für unser Weihnachtslied und »Na na na« zu drehen. Aber natürlich waren wir sehr gespannt auf den Tag, an dem die Spektrum-Tickets veröffentlicht wurden, genau ein Jahr vor dem Konzerttermin.

Schon gewusst?

Unser Vater ist ausgebildeter Lehrer! Wenn wir reisen, hilft er uns bei den Schulaufgaben.

Wir waren total aufgeregt und standen morgens früh auf, um den Verkauf zu beobachten. Die Tickets sollten um sieben, und nicht um neun, wie es eigentlich üblich ist, in den Verkauf gehen. Wir wollten das so, damit Familien die Karten am Frühstückstisch buchen konnten, denn um neun Uhr sind alle längst bei der Arbeit und in der Schule. Es war megaspannend. Wir sprachen mit Jon, und er erzählte uns, dass die Golden Circle Tickets im Pre-Sale in 15 bis 20 Sekunden weg waren. Für den Golden

Circle gab es 400 Tickets. Und insgesamt 8000 Plätze in der ganzen Arena. Wir haben das Spektrum innerhalb von zwei Stunden komplett ausverkauft. Niemand hatte es je schneller geschafft, und wir sind auch die jüngsten norwegischen Künstler, die es geschafft haben, das Spektrum vollzumachen. Vor uns war die Ehre an Karpe Diem gegangen. Künstler wie Ariana Grande und Rihanna haben schon Konzerte in der Arena gegeben, auch Nicki Minaj, Taylor Swift und Selena Gomez – und wir waren viel schneller ausverkauft als sie.

Hätte Konzert Nummer zwei 500 Tickets weniger gehabt, wäre es in einer Stunde ausverkauft gewesen. Allerdings waren die letzten 500 Tickets erst nach zwei Tagen weg, wahrscheinlich weil viele Eltern ein wenig davor zurückschrecken, Stehplätze für ihre Kinder zu kaufen. Aber dennoch: Konzert Nummer zwei in fast nur einer Stunde ausverkauft? Das ist völlig verrückt. So wie unser Manager. Es wird sehr aufregend sein, diese Konzerte zu geben. Es wird eine ganz neue Show mit vielen Überraschungen sein, und diesen Herbst beginnen wir, die Choreografien und all das zu üben. Wir hoffen, dass auch ein paar Leute aus der Musikindustrie kommen werden, die uns vielleicht für Konzerte im Ausland buchen werden. Dass sie sich uns ansehen und erkennen, dass wir eine gute Show machen. Dann ist es besonders wichtig, dass die Konzerte gut laufen. Aber vor allem freuen wir uns, im Spektrum vor 16.000 MMern auf die Bühne zu gehen!

Vinterlyd: Martinus spielt Klavier beim Intro von »Plystre på deg«.

Ha ha ha!

MARTINUS' WITZECKE:

Was ist schwarz-weiß, steht auf der Weide und macht: »Quak«? Eine Kuh mit Fremdsprachenkenntnissen.

Schon gewusst?

Das Muttermal auf Martinus' Lippe war noch nicht da, als er geboren wurde, es kam in der Grundschulzeit.

Englische Songs

Ende 2015 haben wir bereits angefangen, einige Songs auf Englisch aufzunehmen. Es war sehr, sehr cool, damit anzufangen, wir hatten lange darauf gewartet. Aber es war auch sehr schwierig. Wir waren in der Lage, ein Lied in nur wenigen Tagen aufzunehmen. Und bei »Girls« brauchten wir allein drei Tage, um die erste Strophe aufzunehmen. Insgesamt dauerte dieser Song also zwei bis drei Wochen, weil es so extrem wichtig ist, dass wir sehr gut Englisch singen. Glücklicherweise haben wir einen Typen aus den USA, der uns hilft, wir treffen ihn dreimal die Woche, um die bestmögliche Aussprache zu bekommen. Ihr könnt es euch sicherlich vorstellen: Wenn jemand aus den USA ein wenig seltsam auf Englisch singt, denkt man: »Es ist wahrscheinlich seine etwas komische Art zu singen.« Aber wenn wir, zwei Typen aus Norwegen, schlechtes Englisch singen, denkt man: »Oh mein Gott, die können ja gar kein Englisch!« Wenn Englisch nicht die Muttersprache ist, wird es auf eine andere Art und Weise betrachtet. Und so haben wir sehr, sehr viel an unserem Englisch gearbeitet. Wir hatten sogar noch einen anderen Typen bei uns im Studio, der uns bei der Aussprache half, weil manche Dinge wirklich nur schwer zu ändern waren. Zum Beispiel sich als Amerikaner zu hören, nicht als Norweger. Man muss wissen, wie man Sachen richtig ausspricht, man kann nicht einfach sagen: »Ei dount wannt tu fohl in lohf.« Es muss schon richtig klingen, und so ist es auch kein Wunder, dass es bei unseren Songs länger gedauert hat.

Die ersten drei englischen Songs, die wir veröffentlicht haben, sind definitiv die, an denen wir am längsten gearbeitet haben. Es war schwierig, aber es hat sich auch gelohnt. Ihr könnt euch sicherlich vorstellen, wie gut es war, sie endlich zu veröffentlichen!

Es war wichtig für uns, auf Englisch zu singen. Weil wir älter werden und einen Schritt weiter gehen wollen, für uns ist es eine natürliche Entwicklung. Aber wir hatten tatsächlich von Anfang an mit dem Gedanken gespielt. Wir merkten, dass wir auch Fans außerhalb Norwegens haben, zum Beispiel in Schweden und Dänemark. Wir fanden es wichtig zu verstehen, was wir in unseren Liedern singen. Und so hoffen wir, dadurch in andere europäische Länder zu kommen, und dafür ist es am besten, auf Englisch zu singen, um mehr Leute zu erreichen. Wir waren vorher nicht schlecht in Englisch, aber unser Lehrer sagte uns, dass wir uns tatsächlich verbessert hätten – obwohl unsere Noten nicht bergauf gegangen sind. Wir hatten immer eine Zwei in Englisch. Aber unsere Aussprache ist hundertmal besser geworden!

Es macht immer Spaß, wenn auf unseren Konzerten viele Leute sind. Wir bemerken auch immer diejenigen, die ein M auf der Wange haben!

Der Spellemann-Preis

Als wir im Januar 2016 erfuhren, dass wir für einen Spellemann-Preis in der Kategorie »Album des Jahres« nominiert waren, waren wir überglücklich! Der Spellemann-Preis ist die wichtigste Auszeichnung in der norwegischen Musikbranche. Vor einer Weile wurde uns gesagt, dass wir dort unbedingt auftreten sollten, und wir träumten auch davon, es zu dürfen. Die gesamte Musikindustrie ist da, alle norwegischen Künstler, die wir kennen. Dann wurde »Hei« nominiert, und zwei Tage vor der Pressekonferenz wurde uns gesagt, dass wir sogar für zwei weitere Preise nominiert sind! Als »Newcomer des Jahres« und »Popact des Jahres«. Vor Freude sprangen wir fast bis zur Decke und konnten nicht glauben, dass es wahr ist. Wir hätten nie gedacht, dass wir für irgendetwas nominiert werden könnten. Und dann waren wir auch noch die Jüngsten. Für uns war es undenkbar, dass wir mal beim Spellemann-Preis dabei sein würden, wir hatten nie daran gedacht, dass es dort Platz für uns geben würde. Es war echt lustig. Als wir dort ankamen, gingen wir über den roten Teppich und wurden von sehr vielen interviewt. Wir erwarteten nicht, einen Preis zu gewinnen. Aber wir dachten, wenn wir überhaupt für einen davon infrage kämen, dann vielleicht in der Kategorie »Popact des Jahres«, weil wir in diesem Jahr so viel gemacht hatten, zum Beispiel die ausverkauften Konzerte im Spektrum oder die Verkäufe von »Hei«. Dort hätten wir sicherlich die meisten Chancen. Aber letztendlich gewannen wir keinen der Preise. Wir waren ein wenig enttäuscht, als eine Gruppe, die vielleicht 12.000 Streams auf Spotify hatte, vor uns gewann, obwohl unsere Songs mehrere Millionen Streams hatten. Das fanden wir ein bisschen komisch. Aber es hat Spaß gemacht, nominiert zu werden, wir haben viele Künstler und coole Leute getroffen. Viele kannten wir schon, es war cool, sie wiederzutreffen. Karpe Diem sind immer sehr nett! Als wir »Elektrisk« performten, schauten wir auf ihren Tisch; sie saßen da und feierten das Lied, und wir nahmen ein High-Five mit, während wir durchs Publikum liefen und sangen – das war sehr lustig. Sie sind echt megacool.

Es gibt kaum jemanden, der beim Spellemann-Preis performen darf, daher war es schon außergewöhnlich, dass man uns ausgewählt hatte. Das war so ein lustiger Augenblick, wir dachten nur: »Shit, wir dürfen das erleben, während Aurora, Karpe Diem, a-ha und so viele andere Größen in der Halle sind.« Es hat unglaublich viel Spaß gemacht. Als wir auf dieser Bühne standen, jubelten uns viele Fans zu, und wir dachten nur daran, dass die anderen Künstler uns zusahen.

Schon gewusst?

Wir haben überlegt, »Elektrisk« auch auf Englisch einzusingen. Aber das wäre ohne Katastrofe nicht dasselbe gewesen!

Die Enttäuschung, dass wir nicht gewonnen hatten, ging ziemlich schnell vorbei. Wir haben wie immer alles auf der Bühne gegeben. Und wir hatten keine Dankesrede oder Ähnliches geplant, weil wir wirklich nicht glaubten, dass wir gewinnen würden. Aber wenn wir gewonnen hätten, hätten wir uns wahrscheinlich bei Daddy bedankt. Hätte er uns nicht bei allem unterstützt, wäre gar nichts passiert. Dank ihm sind wir da, wo wir heute sind. Und dann hätten wir uns natürlich auch bei Jon und dem gesamten MM-Team bedankt. Und vielleicht auch einander!

Musikvideos

Musikvideos zu drehen ist normalerweise ziemlich hektisch und gehört nicht unbedingt zu unseren Lieblingsaufgaben. Bisher konnten wir uns wegen der ganzen Termine noch nie Zeit nehmen, um Musikvideos zu drehen, also müssen sie immer zwischen allen anderen Dingen gemacht werden, wenn wir einen Tag (oder manchmal nur ein paar Stunden) frei haben. Wenn ein Videodreh ansteht, ist es normalerweise der Regisseur, der eine filmische Idee entwickelt, die zu dem Lied passt. Aber es geht nicht immer wie geplant, und aus dem Grund mögen wir das Ganze nicht so sehr. Für »Plystre på deg« zum Beispiel wollten wir ein Video mit einer richtig coolen Geschichte machen, mit ein paar Mädchen und Pfeifen und so weiter. Aber dafür hatten wir keine Zeit, also wollten wir ein cooles Video machen, das wenigstens tolle Aufnahmen zeigte. Es wurde schließlich in Thailand gedreht, was zufällig zustande kam, weil wir gerade dort im Urlaub waren. Jon und PG (der eigentlich Per Gunnar heißt und Regisseur ist) kamen also nach Thailand, und wir hatten zwei Tage Zeit, um das gesamte Video zu shooten, bevor sie zurückflogen. Es war ein ganz besonderer Trip. Wir schauten auf Google Maps, um eine Insel zu finden, die eine schmale Spitze an einem Ende hatte, und als wir sie fanden, gingen wir los, besorgten ein Boot und fuhren dann für eine halbe Stunde raus zu dieser Insel. Glücklicherweise sah der Strand dort genauso aus, wie wir es uns vorgestellt hatten, und wir nahmen die Szenen auf, die wir brauchten – an der äußersten Spitze der Insel!

Eine weitere Szene in dem Video sollte vor einem Wasserfall spielen, also fuhren wir viereinhalb Stunden mit dem Auto zu einem Nationalpark mit sieben Wasserfällen. Als wir im Park ankamen, sollte er bald schließen, und zu unserem auserwählten Wasserfall, der ganz oben auf einem Berggipfel war, musste man viele Treppen hochgehen! Als wir endlich dort ankamen, waren dort überall Touristen, und wir hatten nur noch zehn Minuten Zeit, um zu filmen, was wir brauchten. Es schien völlig unmöglich. Dann kam ein Parkwächter, der den Badegästen mit seiner Pfeife signalisierte, dass der Park gleich schließen würde, und so verließen alle Gäste den Wasserfall. Dann hatten wir ungefähr drei Minuten, bevor wir auch raus mussten.

Also standen wir da, Jon mit einem kleinen Lautsprecher, über den er das Lied abspielte, und wir vor dem Wasserfall, während PG filmte und der Wächter mit dem Fuß tippend darauf wartete, dass wir fertig wurden. Dad war der Stylist, und Jon machte das Make-up. Und es klappte! In zwei Tagen konnten wir genau so viel aufnehmen, wie wir brauchten, und wir waren sehr zufrieden mit dem Ende des Musikvideos. Es hat ein wirklich sommerliches Gefühl, was uns sehr gut gefällt!

Das Video zu »Na na na« kam ähnlich wie »Plystre på deg« zustande. Wir waren das erste Mal in Los Angeles und dachten, wir würden hier liebend gerne ein Video aufnehmen, und wir hatten auch gerade nichts anderes im Terminkalender stehen. Wir brauchten auch ein Musikvideo zu »Ei som deg«, aber wir hatten einfach keine Zeit dafür (Schock!). Also machten wir etwas Cooles im Kriss Studio von Erik und Kriss, als wir dort unser Weihnachtslied »Alt jeg ønsker meg« aufnahmen. Wir hatten ungefähr eine Stunde, um etwas zu filmen, und das Ergebnis war ein Lyric-Video, mit dem ganzen Text des Liedes. Aber es sieht sehr professionell und cool aus, ihr hättet nie gedacht, dass es in nur einer Stunde gefilmt wurde, stimmt's?

Hier sind wir auf einer kleinen Insel in Thailand und drehen das Video zu »Plystre på deg«.

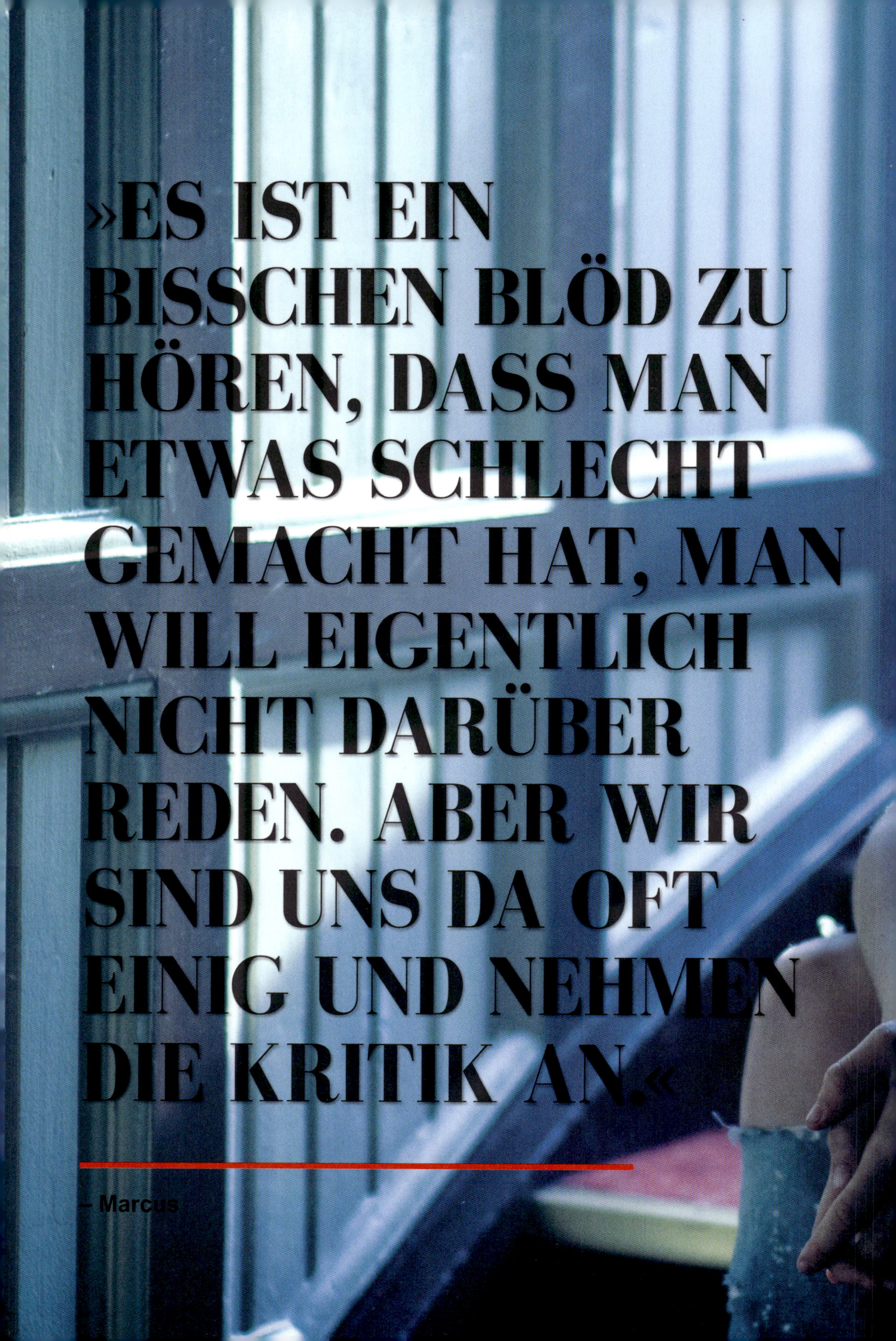

»ES IST EIN BISSCHEN BLÖD ZU HÖREN, DASS MAN ETWAS SCHLECHT GEMACHT HAT, MAN WILL EIGENTLICH NICHT DARÜBER REDEN. ABER WIR SIND UNS DA OFT EINIG UND NEHMEN DIE KRITIK AN.«

– Marcus

HONOUR

»NORMALERWEISE GUCKEN WIR UNS UNSERE EIGENEN VIDEOS NICHT AN. ABER WIR CHECKEN IMMER, WIE VIELE KLICKS SIE AUF YOUTUBE HABEN.«

– Marcus

Das Musikvideo zu »Girls« wurde ganz anders und war sehr gut geplant. Wir machten ein Tanzcasting im Oslo Spektrum, bevor wir nach Gran Canaria flogen und dort die verschiedenen Szenen der Handlung aufnahmen. Dann ging es wieder zurück, um zusammen mit Madcon die Tanzszenen zu machen. Oder GLADcon, wie wir sie gerne nennen! Sie sind eigentlich nicht wirklich »MAD«. Nur Tshawe ist ein bisschen freaky. Beim Dreh fühlte er sich gleich pudelwohl, kann man sagen. Er machte gleich so verrückte Sachen, zum Beispiel zog er plötzlich einfach sein Hemd hoch und zeigte seinen Bauchnabel. Und als wir eine Pause machten, zog er einfach sein Hemd aus oder lief ohne Hose herum. Wir waren unglaublich happy, als wir sie für unseren Song gewinnen konnten. Madcon sind in Europa sehr erfolgreich und viel bekannter als wir, aber wir fanden, dass sie perfekt zu »Girls« passten, und so war es gut, dass sie Ja gesagt haben!

Beim Videodreh von »Girls«.
Madcon sind echt freaky!

Überwiegend sind es Mädchen, die unsere Konzerte besuchen. Das Kreischen war anfangs etwas ungewohnt. Aber wir lieben es!

Die Mädchen kreischen

Es ist ein bisschen komisch, das zu sagen, aber wir haben uns irgendwie daran gewöhnt, dass uns so viele Mädchen in unseren Konzerten zujubeln, dass sie weinen und fast ohnmächtig werden. Mittlerweile fänden wir es fast merkwürdiger, wenn es nicht so wäre! Aber wir finden es unglaublich cool! Das Gefühl, vor so vielen Menschen auf der Bühne zu stehen, lässt sich gar nicht beschreiben, man muss es einfach selbst erleben!

Ähnlich ist es, unsere Songs im Radio zu hören, am Anfang rannten wir aufgeregt herum, riefen: »Krass, hör mal!«, und drehten den Sound auf. Aber es ist immer noch toll, wenn es passiert, weil es eine Bestätigung dafür ist, dass unsere Musik gut ist und die Leute mögen, was wir machen. Normalerweise sehen wir uns unsere eigenen Musikvideos auf YouTube nicht an, aber wir schauen nach, wie viele Klicks sie erhalten haben.

Auch die Aufnahmen von einem Konzert oder von Fernsehshows, bei denen wir auftreten, schauen wir uns eigentlich nicht an, außer wenn wir denken, dass es nicht gut gelaufen ist. Dann überlegen wir uns, woran wir mehr arbeiten müssen, wie zum Beispiel Tanzschritte oder einige Töne, die nicht hundertprozentig sitzen. Es ist total seltsam, sich selbst anzugucken, da sucht man immer nach Fehlern, egal wie gut es eigentlich war. Man macht es, um besser zu werden, aber man kann sich auch leicht an Dingen aufhängen, die im Grunde reibungslos abliefen – steigert man sich rein, findet man sich plötzlich lahm oder peinlich. Es macht also keinen Sinn, sich alles noch mal anzuschauen, wenn wir eigentlich ein gutes Gefühl hatten.

Schweden

Eines der coolsten Dinge, die in den letzten sechs Monaten passiert sind, war, dass wir auch in Schweden den Durchbruch schafften. Das passierte ziemlich schnell. Zuerst reisten wir dorthin, um in einigen Fernsehsendungen aufzutreten und Interviews zu geben, zusätzlich zu zwei Fan-Events und Treffen, die von schwedischen Fans organisiert wurden. Dann kam »Elektrisk« und wurde ein großer Erfolg. Und jetzt ist es dort so wie in Norwegen. In Schweden werden von uns schon mehr Fotos gemacht als in Norwegen! Oder zumindest gleich viele. Es gibt kaum einen Unterschied zwischen unseren Fans in Norwegen und Schweden. Die schwedischen Fans sind den norwegischen sehr ähnlich. Der größte Unterschied ist wirklich nur unsere Sprache. Aber wir haben den Eindruck, dass sie sehr gut verstehen, was wir sagen. Es gibt viele, die meinen, dass wir Schwedisch nicht verstehen, deshalb benutzen sie, wenn sie uns schreiben, den Google-Übersetzer. Und dann heißt es am Ende oft: »Entschuldigung für unser schlechtes Norwegisch«, aber wir freuen uns, egal in welcher Sprache sie mit uns kommunizieren. Wir sprechen ganz normal unsere Sprache, wenn wir dort sind, wir haben nicht angefangen, »Norschwedisch« zu sprechen. Das wäre aber ziemlich lustig!

Wir haben keine Erklärung dafür, warum es in Schweden plötzlich so gut lief. Vielleicht passt unsere Musik und besonders »Elektrisk« sehr gut zu Schweden? Jedenfalls versuchen wir, immer sehr freundlich zu unseren Fans zu sein, egal woher sie kommen.

Schon gewusst?

Wir lieben schwedische Süßigkeiten!

Im Sommer traten wir bei »Allsång på Skansen« auf, einer der größten schwedischen Fernsehsendungen, und es war eine wahnsinnig gute Atmosphäre dort! Außerdem hatten wir zwei sehr große Konzerte in Liseberg und Gröna Lund. Beim ersten in Liseberg sollten wir eigentlich auf einer kleinen Bühne spielen, wo Platz für 800 bis 900 Leute war. Aber Jon ließ nicht zu, dass wir dort auftraten, also verfrachtete man uns letztendlich auf die große Bühne. Es waren nicht nur unsere Bedenken, sondern auch die vieler Eltern, die Angst hatten, dass ihre Töchter vor der Bühne zerquetscht werden. Wir rechneten damit, dass etwa 4000 Leute zu unserem Konzert kommen würden. Wir waren sehr aufgeregt, und kurz vor dem Konzert erfuhren wir, dass es etwa 10.000 waren! Wir waren völlig überrascht und megaglücklich und gaben auf der Bühne alles. Während des Auftritts kam es uns so vor, als wären mehr als 10.000 Leute da, vielleicht 15.000, und nach dem Konzert hörten wir, dass es sogar 25.000 waren! Das war völlig crazy. Der Auftritt hat viel Spaß gemacht, und das Publikum ging total ab, als wir »Elektrisk« spielten. Am Ende des Konzerts fragten wir den Tontechniker, ob wir den Song noch einmal spielen dürfen, und er gab sein Okay. Das war ein Riesenspaß! Es kam uns gar nicht vor wie 25.000 Menschen, wir sahen nur ein riesiges Menschenmeer. Wir hatten mehr Zuschauer als Snoop Dogg, als er dort spielte. Oder zumindest genauso viele. Das war völlig crazy, wir hatten noch nie so viele Menschen auf einmal gesehen. Vor allem hätten wir das in Schweden nicht erwartet.

Aber die schwedischen Fans sind absolut fantastisch. In diesem Moment, wo wir das schreiben, steht »Elektrisk« auf Platz 9 in Schweden und wird täglich rund 140.000 Mal gestreamt. Und »Girls« ist auf Platz 43 mit rund 60.000 Streams pro Tag. Das ist echt krass. Krass cool!

Dänemark

Den ganzen Sommer über waren wir sehr gespannt auf unser erstes Konzert in Dänemark. Der Veranstalter dort hatte geplant, uns im Kopenhagener Tivoli auf der kleinen »Pavillonen«-Bühne mit Platz für 800 Zuschauer spielen zu lassen, aber wie in Schweden versuchte Jon die Verantwortlichen zu überzeugen, dass mehr als 800 Leute kommen würden und wir auf der großen Bühne »Plenen« spielen müssten. Zwei Wochen bevor wir nach Dänemark kamen, erfuhren wir, dass das Tivoli sich umentschieden hatte und uns auf die große Bühne ließ. Wir freuten uns natürlich, waren gleichzeitig aber sehr aufgeregt. Wir hatten bis dahin noch nie in Dänemark gespielt und wussten nicht, wie viele Zuschauer kommen würden, aber wir hofften auf 5000 Leute. Der Tag kam, und wir reisten nach Dänemark, wo wir erfuhren, dass die ersten Fans bereits nachts Schlange gestanden hatten. Es war wirklich verrückt, aber cool!

Wir standen früh auf und gingen um 6 Uhr in die Sendung »God Morgen, Danmark«, und danach gaben wir viele Interviews. Um 18 Uhr sollte es endlich so weit sein, unser Konzert begann, und es waren viele Leute da – über 11.000 Menschen, und das bei unserem ersten Konzert in Dänemark! Wir waren unglaublich stolz. Wir freuen uns darauf, so bald wie möglich wiederzukommen!

WE <3 MM-ERS!

DIE FANS IN SCHWEDEN

Wir haben die besten Fans der Welt! Schaut mal hier!

Sandra

»Ich heiße Noah, bin 8 Jahre und komme aus Halmstad in Schweden. Ich bin Musik-Fan und fand euch schon gut, bevor ihr in Schweden bekannt wart. Ich bin ein großer Fan von euch – ich mag euch als Künstler, liebe eure Musik und eure Moves :)«

Hanna und Marina

Izabella

Jessica

»Meine beste M&M-Erinnerung ist, als ich M&M am 16. April 2016 im ›Hard Rock Café Sthlm‹ traf! Ich war so glücklich und konnte nicht glauben, dass ich sie wirklich getroffen habe, also fing ich an, so viel zu weinen, bis keine Tränen mehr da waren <3 /Julia«

»Ich liebe Marcus und Martinus, weil sie zwei Superhelden sind! Sie machen hammermäßige Musik, und sie wagen es, ihre eigenes Ding zu machen, obwohl sie erst 14 Jahre alt sind. Sie verbreiten Freude und sind immer glücklich und freundlich zu den Fans. Einmal MMer, immer MMer. /Liv«

»In Göteborg zeichnete Rickard Olsson seine Fernsehshow ›Sommarkväll‹ auf, in der Marcus und Martinus auftreten sollten. Seit seinem 18. Lebensjahr lud Rickard Olsson einige Fans zum Start der Sendung ein, bei der Marcus und Martinus aus einer Limousine sprangen und viele ihrer schwedischen Fans trafen. Ich war eine der Auserwählten, und es wurde ein großartiger Tag, als ich meinen Idolen nahe kam. /Matilda«

»Wir, Alwin und Melwin, 6 Jahre alt, trafen unsere größten Idole Marcus und Martinus im Hard Rock Café in Stockholm. Es war der absolut beste Tag, und sie waren so nett zu uns, weil wir auch Zwillinge sind!«

»ICH MAG ES, DASS UNSERE FANS IMMER VERRÜCKTER WERDEN!«

– Martinus

7 SCHNELLE FRAGEN AN UNSER TEAM!

Auf den nächsten Seiten könnt ihr drei Menschen, mit denen wir am häufigsten arbeiten, genauer kennenlernen! Wir haben ihnen sieben kurze Fragen gestellt, und sie durften offen und ehrlich antworten ...

DANIEL FAHRE

Daniel ist Kameramann und Regisseur unseres Kinofilms, der im November ins Kino kommt. Er hat auch Musikvideos für uns gemacht und ist der Coolste der Welt. Er könnte unser großer Bruder sein, weil er wie wir die ganze Zeit nur Süßes isst und sich dieselben YouTube-Videos reinzieht! Außerdem spielen wir die ganze Zeit zusammen.

Wie hast du uns kennengelernt?

»Wir haben uns im Januar 2015 zum ersten Mal in Oslo getroffen, als ich mit dem Dreh des Films, den wir zusammen machen, begonnen habe. Seitdem bin ich fast zwei Jahre lang mit einer Kamera hinter euch hergelaufen und hatte mit euch sehr viel Spaß!«

Wie ist es, mit uns zu arbeiten?
»Sehr amüsant! Es ist ein Traumjob, Filme über euch zu machen!«

Was ist deiner Meinung nach das Beste an uns?
»Ihr seid lustig, kreativ, nett … und ihr habt beide einen großen Wetteifer!«

Was ist das Schlimmste an uns?
»Manchmal hört ihr nicht auf das, was ich sage, wenn wir etwas drehen! Und als wir in den USA waren, hattet ihr keine passenden Ladekabel für amerikanische Steckdosen, also habt ihr jedes Mal meins geklaut, wenn ihr eure Handys aufladen wolltet!! Aber ansonsten seid ihr normalerweise nett.«

Welches ist dein Lieblingslied von M&M? Und warum?
»Wahrscheinlich ›I Don't Wanna Fall in Love‹, ich mochte es gleich beim ersten Mal, als ich es hörte. Eine Weile danach bekam ich die ehrenvolle Aufgabe, das Musikvideo dazu zu drehen, und es war klasse! Wir haben zwei Tage in Spanien gefilmt und hatten viel Spaß zusammen.«

Eine besonders lustige Erfahrung, die wir zusammen gemacht haben?
»Wir hatten immer viel Spaß zusammen, zum Beispiel in Los Angeles, wo wir einen ganzen Tag in den Universal Studios verbracht haben und Spaß hatten. Wir hatten auch einige legendäre Road Trips mit Rap-Battles und vielen Süßigkeiten. Ich muss auch immer daran denken, wie Marcus und ich im Studio von ›Senkveld‹ Verstecken gespielt haben, oder als Martinus und ich diesen Sommer auf einer kleinen Wanderung waren!«

Wie denkst du über unsere Zukunft?
»Man bekommt, was man verdient! Ihr habt also eine strahlende Zukunft vor euch, egal was ihr tut ;)«

Schon gewusst?
Die am häufigsten gestellte Frage ist, ob wir Single sind und welche Art von Mädchen wir mögen. Die Antwort ist JA, und wir mögen alle Arten von Mädchen – das Wichtigste ist, dass sie nett ist und es gut findet, dass wir so viel unterwegs sind.

MAGNUS BERTELSEN

Magnus hat zusammen mit Erik Fjeld viele unserer Songs geschrieben und produziert. Wir haben viel zusammen im Studio gearbeitet, und er war mehrmals bei uns zu Hause. Magnus ist wie ein sehr erwachsener großer Bruder, er passt immer auf uns auf. Er ist sehr fleißig und nett, und er erzählt die ganze Zeit Witze, genau wie Opa. Er hat auch ungefähr so viel Haare wie er!

Wie hast du uns kennengelernt?

»Wir haben uns kennengelernt, als Jon, euer Manager, mich kontaktierte, als ihr neue Songs für das ›Hei‹-Album brauchtet. Jon und ich waren früher auf derselben Schule und kannten uns von dort. Dann begannen wir mit den Sessions und mit der Studioarbeit.«

Wie ist es, mit uns zu arbeiten?

»Es gehört zu den lustigsten Dingen, die ich kenne. Kein anderer Künstler bringt so viel Freude, Lachen und gute Atmosphäre ins Studio wie ihr!«

Was ist deiner Meinung nach das Beste an uns?

»Und hier soll ich nur eine Sache nennen? Haha. Abgesehen vom Musikalischen und von euren Entertainer-Fähigkeiten denke ich, dass es eure uneingeschränkte positive Einstellung ist. Ich glaube, ich habe noch nie gehört, dass sich einer von euch beschwert hat. Nicht mal nach Stunden und Tagen harter Arbeit im Studio. Es gibt nicht viele, die das so durchziehen.«

Was ist das Schlimmste an uns?
»Hier fällt mir nichts sein. Was vielleicht immer eine Herausforderung im Studio ist: die Konzentration immer aufrechtzuerhalten. Im Studio wird oft viel geredet, aber selbst das sehe ich nicht als Problem.«

Welches ist dein Lieblingslied von M & M? Und warum?
»Oh, das ist schwierig. Ich würde fast sagen, ›Heartbeat‹. Hier habt ihr eure bisher beste Gesangsleistung abgeliefert.«

Eine besonders lustige Erfahrung, die wir zusammen gemacht haben?
»Ich denke, das war 2015 beim VG-Liste-Konzert auf dem Rathausplatz. Hier habe ich euch als DJ begleitet, und es war eine total verrückte Erfahrung. Ich denke, ich bin nicht der Einzige, der sagt, dass er sich für den Rest seines Lebens daran erinnern wird.«

Wie denkst du über unsere Zukunft?
»The sky is the limit! Zweifellos. Ihr könnt alles erreichen, was ihr wollt :)«

JON LEIULFSRUD

Jon ist unser Manager. Wir haben ihm viel zu verdanken, und er hilft uns die ganze Zeit. Jon ist nett und ein gemütlicher Mensch, aber auch ziemlich kindisch! Wir ärgern Jon ziemlich oft, aber das macht einfach Spaß.

Wie hast du uns kennengelernt?
»Wir trafen uns auf der Vinterlyd-Tour. Ich war mit Isac Elliot unterwegs, und als wir in Stavanger ausgingen und bowlen wollten, fragten wir euch, ob ihr mitmachen wolltet. Und ihr habt Ja gesagt!«

Was ist deiner Meinung nach das Beste an uns?
»Das Beste an euch ist, dass ihr immer Spaß habt und dass ihr immer so gut seid zu all den Menschen um euch herum. Jeder, den wir treffen, überall – alle sind so begeistert von der positiven Energie und Ausstrahlung. Das ist das Beste.«

Was ist das Schlimmste an uns?

»Das ist schwer zu beantworten. Aber ihr seid beide unglaublich stur. Ihr habt sehr klare Meinungen, und es ist nicht immer so, dass ihr euch einig seid. Es kommt vor, dass Marcus ein Foto liebt, während Martinus es hasst … Dann kann es eine Weile dauern, bis wir auf einen Nenner kommen. Aber es ist auch toll, dass ihr euch habt, das ist wichtig als Künstler!«

Welches ist dein Lieblingslied von M & M? Und warum?

»Hmm … Hier musste ich lange nachdenken. Ich habe drei Stücke, die alle eine Geschichte haben. Einer ist ›Plystre på deg‹, der erste Song, den wir zusammen aufgenommen haben und der viel Spaß gemacht hat. Der andere ist ›Elektrisk‹, weil er euch auf die Spur gebracht hat und sowohl in Norwegen als auch in Schweden sehr erfolgreich war. Letzterer ist ›Girls‹, weil es die erste Single auf Englisch ist, was ein großer Schritt war. Und weil wir Madcon an Bord hatten.«

Eine besonders lustige Erfahrung, die wir zusammen gemacht haben?

»Das war wohl, als wir in Thailand das Musikvideo zu ›Plystre på deg‹ gedreht haben, das war ein wirklich wundervolles Spaßerlebnis mit euch!«

Wie denkst du über unsere Zukunft?

»Ich sage voraus, dass ihr dazu in der Lage seid, den Madison Square Garden zu füllen, wovon ihr ja träumt. Ihr habt alles, was ihr braucht, um es zu schaffen. Das gilt für alle großen Spielstätten in Europa, Asien und den Vereinigten Staaten. Es wird passieren. Man muss nur weiter daran arbeiten.«

TOP 5

DIE BESTEN AUFTRITTE (BISHER!)

Wir haben unglaublich coole Sachen erlebt und Orte kennengelernt, und wir sind dankbar für die Konzerte, die wir hatten! Aber diese fünf Auftritte stehen bisher ganz oben:

5: »Allsång på Skansen« in Stockholm, Schweden

An fünfter Stelle steht die schwedische Fernsehsendung »Allsång på Skansen«. Das Besondere war hier, dass jeder – es waren über 20.000 Menschen dort – aufstand und sprang und klatschte. Es war ein unglaublicher Spaß, vor allem, wenn man bedenkt, dass so viele berühmte schwedische Künstler dort waren und alle uns halfen. Es war ein Riesenspaß!

4: Die Konzerte in Gröna Lund und Liseberg, Schweden

Zunächst haben wir das Konzert in Gröna Lund in Rekordzeit ausverkauft – oder besser: mussten die Türen in Rekordzeit schließen, weil der Ansturm so groß war. So viele großartige Performer sind dort schon aufgetreten, LMFAO, Jessie J, Bob Marley … Und dann haben wir es ausverkauft und hatten die meisten Leute dort. Das

3

war Megafun! Auch Liseberg hat richtig Spaß gemacht! 26.000 Leute kamen, nur um uns zu sehen. Alle sangen mit, und das Publikum hatte nie genug von der Musik. Und da waren auch so viele andere gute Künstler, die dort auftraten.

3: VG-Lista 2016, Rådhusplassen, Oslo

Es war riesig, zum zweiten Mal beim VG-Liste-Konzert dabei zu sein, vor allem, weil wir dieses Mal zweimal auftraten. Zuerst eröffneten wir die Show zusammen mit Madcon und »Girls«, dann spielten wir am Ende der Show noch ein Medley. Alle haben mitgesungen, und es hat unglaublich viel Spaß gemacht.

2: »Senkveld« auf TV2

Es war ein Traum für uns, bei »Senkveld« auf TV2 aufzutreten! Wir waren schon früher mal eingeladen worden, aber wir wollten warten, bis wir neue Songs präsentieren konnten. Es war das erste Mal, dass wir ein englisches Lied live sangen, und wir waren tatsächlich ein bisschen nervös. Aber es war so cool, dort zu sein! Ein Traum wurde wahr.

1: VG-Liste 2015, Rådhusplassen, Oslo

Der Grund, warum das VG-Konzert 2015 an erster Stelle steht, liegt darin, dass in jenem Jahr mehr Menschen da waren – über 30.000 mehr als 2016 –, und alle sangen mit. Das ist der einzige Unterschied zu 2016. Und es war definitiv etwas Besonderes, weil es für uns dort das erste Mal war. Es war eine absolut unbeschreiblich coole Erfahrung!

»ES IST SCHON KRASS, WENN MAN BEDENKT, WAS DIE FANS FÜR UNS TUN. ABER ICH LIEBE ES!«

– Marcus

Hier werden wir von einem schwedischen Fotografen in Stockholm fotografiert.

Fotoshooting mit Fußball!

KAPITEL 4:

IM RAMPENLICHT

Fans zu haben ist ein unglaubliches Gefühl. Diese Leute wollen so viel Zeit mit uns verbringen! Sie hören unsere Musik, kommen zu unseren Konzerten, treffen uns auf Flughäfen oder vor Hotels, schreiben über uns in sozialen Medien, schreiben uns Briefe, geben Geschenke, malen »M&M« auf ihre Wangen … es gibt nichts Besseres! Nichts kommt dem Gefühl nahe, auf der Bühne zu stehen und sich auf die Fans zu freuen, die sich Zeit genommen haben, Plakate zu basteln oder sich große M's ins Gesicht zu malen, und die springen und singen! Es ist absolut unbeschreiblich cool. Unsere Fans sind die besten der Welt, und wir wären nie so weit gekommen, wenn es die MMers nicht geben würde. In diesem Kapitel wollten wir ein wenig darüber erzählen, was wir über Erfolg, die Fans und all die Aufmerksamkeit, die wir bekommen, denken.

Die ersten Fans

Das erste Mal, dass wir das Gefühl hatten, Fans zu haben, war 2014 beim Vinterlyd. Wir wussten nicht genau, ob man das, was wir nach dem Gewinn von MGPjr hatten, schon als »Fans« bezeichnen konnte. Damals war es zwar großartig, dass wir gewonnen und viel Aufmerksamkeit bekommen hatten, aber wir glauben, dass man echte Fans erst im Laufe der Zeit bekommt. Und in der zweiten Runde von Vinterlyd, im Jahr 2014, sahen wir plötzlich Mädchen, die sich ein M auf die Wangen gemalt hatten und so etwas. Da erkannten wir, dass sie wegen uns gekommen waren. Dies zum ersten Mal zu erleben war etwas ganz Besonderes, wir fanden es unglaublich toll. Dass wir andere bewegen, dass sie uns zuhören, mit uns reden, Fotos von uns machen? Das war unglaublich cool und genau das, wovon wir während MGPjr geträumt hatten. Damals war es eher so, dass wir herumliefen und fragten, ob die Leute uns wiedererkannten! Jetzt müssen wir definitiv nicht mehr fragen …

Bei der Vinterlyd-Tour gab es Leute, die uns im Backstage-Bereich treffen wollten und auf uns warteten, als wir von der Bühne kamen. Die wurden allerdings von den Securitys nicht durchgelassen, aber wir dachten nur: »Shiiit, das ist so cooool, oh mein Gott.« Wir haben uns total wie Superstars gefühlt. Wenn wir jetzt darüber nachdenken, war es vielleicht ein bisschen seltsam – zwei Securitys für nur drei Mädchen …

Wie begeistert unsere Fans sein konnten, bemerkten wir zum ersten Mal, als wir bei »Påskemorgen« vom NRK in Tromsø waren. Wir standen früh auf und wollten ein Taxi dorthin nehmen, wir sollten um halb neun vor Ort sein. Aber als die Leute, die beim NRK arbeiteten, um sechs zur Arbeit kamen, standen schon viele Mädchen dort. Der Sender rief Dad an und sagte, dass man uns lieber abholen würde, um sicherzugehen, dass wir auch reinkamen, wenn dort so viele Leute standen. Wir dachten nur: »WOW, sind die wirklich nur wegen uns hier?« Sie mussten superfrüh aufgestanden sein, und sie hatten sich gestylt und zurechtgemacht. Es war sehr besonders, und wir fanden es total toll, dass sie es für uns taten. Es war das erste Mal, dass so etwas passiert ist. Danach bemerkten wir, dass auf unseren Konzerten immer mehr Schilder mit unseren Namen hochgehalten wurden, und manche Jungs hatten dieselbe Frisur wie wir und so weiter. Es gab viele, die weit reisten, um zu Konzerten zu kommen, und auch viele, die uns treffen wollten. Zu dieser Zeit hatten wir auch nach jedem Konzert Autogrammstunden, und 2013 in Bodø saßen wir an einem Tisch und signten fast drei Stunden lang! Aber es wurde nach und nach mehr, und plötzlich kamen wir an den Punkt, wo es sehr heftig wurde. Heute können wir keine Autogrammstunden mehr machen, und nach unseren Konzerten müssen wir erst mal ganz aus der Öffentlichkeit verschwinden, um nicht komplett überrannt zu werden. Zumindest in Norwegen. Die norwegischen Fans sind total verrückt! Viele von ihnen verabreden sich dort, wo wir sind. Und dann sind sie nicht nur laut, sondern rennen uns auch hinterher. Aber meistens ist es für uns einfach ein großer Spaß.

MMers

Tatsächlich waren es die Fans selbst, die anfingen, sich MMers zu nennen. Am Anfang hatten wir keinen Namen für unsere Fans, aber wir sahen, dass fast alle anderen Fangruppen Namen hatten, zum Beispiel »Beliebers« bei Justin Bieber. Also begannen wir darüber nachzudenken, welchen Namen unsere Fans haben sollten. Jon schlug M&M vor, wie die Süßigkeiten! Das wäre durchaus passend. Aber fast gleichzeitig, als wir darüber redeten, gab es einige Fans, die offenbar eigenständig eine Umfrage in den sozialen Medien gestartet hatten. Und so tauften sie sich »MMers«. Das hat uns wirklich sehr gut gefallen.

Ein Publikum voller MMers! Was Besseres gibt es nicht!

Fanerlebnisse und volle Briefkästen

Der Sommer 2015 war ziemlich verrückt. Wir erinnern uns, dass, als wir in Kristiansand waren, 40 bis 50 Mädchen in unser Hotel kamen. Das Hotel schaffte es nicht, sie zu verjagen, sie blieben dort einfach, bis wir kamen, mit ihnen sprachen und Fotos machten. Sie stürmten ins Gebäude, als wir runterkamen, und der gesamte Rezeptionsbereich war voll. Leute standen noch Schlange, um hereinzukommen, nachdem wir schon lange weg waren!

Ein anderes Mal fingen uns fast 30 Mädchen direkt vor unserem Hotel ab. Irgendwie hatten sie herausgefunden, wo wir wohnten, also standen sie schon da, als wir ankamen und aus dem Auto stiegen – das war ein kleiner Schock!

Nicht immer wissen die Fans, was sie sagen sollen, wenn sie uns treffen. Viele fangen an zu weinen, und dann wissen wir nicht wirklich, was wir tun sollen. Wir sagen normalerweise: »Na, weine doch nicht!« Aber was können wir wirklich sagen, wenn jemand nur weint und fast ohnmächtig wird, wenn er uns trifft? Etwa »Schon in Ordnung.«? Das ist schon eine spezielle Situation. Wenn jemand überhaupt nicht sprechen kann und wir nur fragen: »Hallo, geht es dir gut? Ähhh …« Sie antworten nicht, und dann wird es sehr schwierig, miteinander zu sprechen. Aber es macht Spaß, unsere Fans zu treffen, die sich dann so sehr freuen, wir sind sehr happy über jeden einzelnen. Wir bekommen auch tolle Geschenke von ihnen. Es ist wirklich nicht notwendig, uns etwas zu schenken, um bemerkt zu werden! Aber wir bekommen sehr viel, auch viele Süßigkeiten. In Kristiansand haben wir letztes Jahr über vier Kilo nach einem Konzert bekommen. Oder Dinge wie Teddys und Klamotten, einmal sogar eine Eismaschine! Es gibt sowohl große als auch kleine Geschenke und sehr viele Briefe. Wir mussten uns einen größeren Briefkasten anschaffen, weil wir ungefähr 300 Briefe pro Monat bekommen. An einem Freitag im Juni dieses Jahres haben wir einen Rekord aufgestellt, da haben wir 19 Briefe an nur einem Tag erhalten. Die Post in Trofors freut sich wahrscheinlich, dass sie uns hat, denn sie hat genug zu tun! Dad ist ein wenig angesäuert wegen der Tatsache, dass er nur Rechnungen bekommt, während wir Briefe bekommen, die mit Lippenstift geschrieben sind. Die meisten sind Liebesbriefe. Darin steht oft: »Willst du mit mir gehen, kreuze Ja oder Nein an. PS: Bitte um schnelle Antwort!« Wir denken dann immer: »Warum schickst du kein Bild von dir? Wir wissen nicht, wie du aussiehst oder wie du wirklich bist. Warum sollten wir Ja ankreuzen?« Aber es ist schon sehr süß.

Früher haben wir auf alle Briefe reagiert, die wir bekamen. Aber jetzt haben wir leider keine Zeit mehr dazu, denn sonst würden wir wahrscheinlich nichts anderes machen, als Briefe zu schreiben. Das ärgert uns natürlich, weil sicher manche Fans sauer werden oder uns Dinge schreiben wie: »Mein Vater ist letzte Woche gestorben. Wenn ihr mich nicht anruft, bedeutet es, dass es euch egal ist.« Natürlich ist es uns nicht egal. Aber wir kommen gegen die ganze Flut von Briefen nicht an, und dann hilft es auch nicht, uns ein schlechtes Gewissen zu machen oder uns zu drohen.

Schon gewusst?

Wir erhalten jeden Monat fast 300 Fan-Briefe!

Aber wir lesen alles, was wir bekommen, und es gibt so viele, die uns tolle Sachen schreiben! Und wir bewahren alles auf. Wir sammeln alle Briefe in Plastikboxen und stapeln sie übereinander, wenn sie voll sind. Wir freuen uns, dass wir das alles von Anfang an so gemacht haben. Stellt euch vor, wir würden eine lange Zeit lang Musik machen, vielleicht 15 Jahre lang, und wir sammeln jeden Brief, der uns geschrieben wird. Dann müssten wir vielleicht ein Museum eröffnen. Oder zumindest muss Papa ein zusätzliches Haus oder irgendwas bauen, wo wir alles aufbewahren können.

Das Beste an unseren Fans ist, dass sie uns unterstützen, egal was passiert. Egal ob wir einen Ton nicht treffen, ein schlechtes Konzert spielen oder was auch immer. Wir unterstützen uns gegenseitig, kann man sagen! Wir wissen, dass viele MMers Freunde geworden sind, nachdem sie gemeinsam in der Schlange für Konzerte gewartet hatten oder sich über soziale Medien kennengelernt haben – und es ist so cool, das zu erfahren! Wir lieben es, wenn sie sagen, dass sie alles mitsingen und völlig durchdrehen. Wir stehen drauf, dass die Fans mit »M&M« auf den Wangen kommen und dass sie bei unseren Konzerten total verrückt sind und das alles nie aufhört. Besser geht's nicht! Viele kommen auch von sehr weit weg, um uns zu sehen. Zu Beginn unserer Karriere hatten wir einen Superfan, der von Tromsø aus zu fast allen unseren Konzerten reiste. Wir lernten eine Mutter und eine Tochter kennen, die fast sechs Stunden am Flughafen warteten, um uns zu sehen – und dann sind wir nicht mal gekommen! Sie kamen am nächsten Tag nochmals und warteten eine Weile, bis sie endlich mit uns zusammen ein Foto machen konnten. Und einige Fans aus Namsos, mehr als dreieinhalb Stunden von unserem Wohnort entfernt, kamen nach Trofors, um uns ein Weihnachtsgeschenk zu übergeben. Wir haben viele solcher Geschichten erlebt, und wir freuen uns sehr über jeden, der so viel Zeit mit uns verbringen möchte. Dass unsere Fans nicht genug von uns bekommen, ist ein tolles Gefühl. Auch wenn wir nie jemanden ermutigen würden, sich hinzusetzen und auf uns zu warten, weit zu reisen oder viel Geld für uns auszugeben.

Es kann auch mal ein bisschen viel werden

Wir schätzen unsere Fans, aber manchmal wird es auch für uns ein bisschen viel. Zum Beispiel ist es für uns schwierig geworden, uns in der Öffentlichkeit zu bewegen. Oslo an einem Samstag wäre undenkbar. Nicht, dass wir es versucht hätten … aber es wäre das absolute Chaos. Wenn wir aus dem Haus gehen, dann eher, wenn alle Kids in der Schule sind. Aber es gibt auch andere Gelegenheiten! Als wir diesen Sommer von Oslo nach Hause fliegen wollten, kamen wir fast gar nicht zum Flugzeug, weil uns so viele Eltern im Flughafen angehalten haben und ein Foto mit ihren Kindern wollten. Eltern sind genauso leidenschaftlich! Und meistens macht es ja auch Spaß.

Wir lächeln und lassen uns fotografieren. Und unser Dad muss dann meistens einschreiten und sagen: »Sorry, jetzt müssen wir los, um das Flugzeug zu kriegen.« Er ist meistens der Dumme! Aber leider können wir nicht mit absolut jedem, der fragt, ein Foto machen, dann würden wir wirklich gar nicht mehr vorwärtskommen. Wir wollen auch niemanden enttäuschen, denn viele sind oft weit gereist, um uns zu sehen, und wir wissen natürlich, wie traurig es ist, ohne irgendwas wieder nach Hause zu fahren. Bei großen Ereignissen haben wir Securitys, das ist ein wenig einfacher. Dad zum Beispiel findet es auch nicht cool, jemanden zu enttäuschen. Aber die Securitys denken nicht so, denn ihre Aufgabe ist es, auf uns aufzupassen und sicherzustellen, dass wir unversehrt und rechtzeitig bei unseren Terminen ankommen. Wenn wir zum Beispiel irgendwohin fahren, können die Securitys vielleicht ein Gruppenbild mit allen wartenden Fans organisieren, oder sie müssen sagen: »Heute leider nicht, weil wir dies und das tun müssen, respektiert das bitte.« In der Regel hören unsere Fans auf die Securitys, und es ist auch gut, wenn sie ihnen klare Ansagen machen,

Da wir dies schon seit ein paar Jahren machen, haben wir uns fast schon daran gewöhnt, Kameras um uns herum zu haben.

VINN

»WIR VERSUCHEN IMMER, SEHR NETT ZU DEN FANS ZU SEIN, EGAL WER SIE SIND UND WOHER SIE KOMMEN.«

– Marcus

wie etwa: »Stellt euch bitte dorthin, hier müssen wir in das Auto einsteigen.« Dann folgen normalerweise auch alle den Anweisungen. Manchmal geht es auch schief, und dann wird es völlig chaotisch. Was blöd ist, denn dann bekommen die Fans gar nichts. Wenn sie nur hinter dem Auto herlaufen und darauf herumklopfen, bringt ihnen das nichts außer die Gefahr, sich zu verletzen.

Meistens ist es aber ein großer Spaß, unsere Fans zu treffen! Nur wenn wir müde sind, zum Beispiel nach Konzerten oder wenn es ein langer Tag mit vielen Reisen war, ist es ein bisschen anstrengender. Wenn wir auf dem Heimweg von einem Konzert im Auto einschlafen und 20 Mädchen um halb eins vor unserem Hotel auf uns warten, sind wir vielleicht nicht ganz so gesprächig. Aber wir wissen auch, dass das einfach dazugehört. Im Moment ist es nun mal so, und wir versuchen, es auf die bestmögliche Art und Weise zu bewältigen. Die Fans sind so unglaublich wichtig für uns! Sie sind diejenigen, die unsere Musik hören und zu den Konzerten kommen, sie verdienen alles auf der Welt. Würde niemand uns und unsere Musik mögen, hätten wir gar nichts. Ernsthaft, wir haben die besten Fans der Welt. Sie verstehen uns und werden immer die Besten für uns sein, auch wenn wir mal müde sind oder einen schlechten Tag haben, und dafür lieben wir sie noch mehr.

Schon gewusst?

Klar könnten wir einen Fan daten. Ist doch schön, dass diejenige, die wir mögen, unsere Musik wirklich mag!

Soziale Medien

Vor Vinterlyd 2015 hatten wir ca. 35.000 Follower auf Instagram, und danach waren es 75.000. Wir haben ziemlich viel mit unserem Account gearbeitet und jeden Tag mehr Fotos veröffentlicht, meistens um die drei oder vier Bilder. Es ist ziemlich wichtig, einen aktiven Account zu haben, wenn man bekannter wird. Wenn die Leute sich das Profil anschauen, können sie gleich sehen, dass es oft aktualisiert wird. Wir wechseln uns beim Posten ab, und Marcus ist derjenige, der am meisten reinstellt, gefolgt von Martinus. Wenn es eine spezielle Nachricht oder Information zu veröffentlichen gibt, wird dies meist von Dad oder Jon übernommen, damit alles seine Richtigkeit hat.

Aber es sind nur wir vier, die den Account verwalten, und jetzt bekommen wir täglich etwa 1000 neue Follower. Unsere Fotos bekommen Tausende Likes und normalerweise auch mehr als tausend Kommentare. Wir lesen viele davon, aber sie kommen so schnell rein, dass wir vielleicht 90% von ihnen schaffen. Die meisten sind sehr nett, also versuchen wir, einige von ihnen zu beantworten. Und dann schauen wir uns oft den Hashtag #marcusandmartinus und ähnliche Bilder an. Viele Leute sind wirklich gut darin, Videos und Edits über uns zu machen, wir sehen das gerne! Und die Reaktionen zu sehen, wenn wir die Fans nach etwas fragen, ist absolut mega! Als wir zum Beispiel nach Beiträgen zu diesem Buch gefragt haben, kamen in zwei Stunden über 200 Antworten. So viel zur MM-Power!

Wenn wir ein Bild posten, ist es wirklich krass, wie schnell es geht, bis wir über 1000 Likes erreicht haben. Ein Freund von Papa besuchte uns diesen Sommer, und er wollte der Erste sein, der ein neu gepostetes Foto von uns likt. Er saß mit dem Telefon in der Hand neben uns und war total bereit, als wir das Bild freigaben. Aber er hatte keine Chance. Er wurde Nummer 138 oder so, in nur ein paar Sekunden. Das ist schon crazy, echt. Es dauert nur eine Minute, um über 1000 Likes zu bekommen. Unsere Fans sind die Besten!

Einmal haben wir einem Typen geholfen, neue Follower zu bekommen. Er hatte ungefähr 2.500 und fragte, ob wir ihm zu 10.000 verhelfen könnten. Als Dank kaufte er uns alles, was wir wollten, in einem Kiosk! Dann haben wir Video und Bild mit der Message »Help him to 10K« veröffentlicht, und es hat keine drei Tage gedauert.

Das einzig Blöde bei Instagram ist, dass leicht Gerüchte entstehen können. Zum Beispiel im Kommentarfeld oder bei jemandem, der Bilder veröffentlicht, die mani-

Martinus signiert CDs.

puliert wurden. Zum Beispiel hat jemand mal auf Instagram behauptet, dass er Papa angerufen und gefragt habe, ob wir Freundinnen haben, und Papa habe Ja gesagt. Daraufhin wir: »Papa, hast du das wirklich gesagt?!« Hatte er aber nicht, also waren es Leute gewesen, die sich einen Spaß erlaubten, um Aufmerksamkeit zu bekommen.

Ein anderes Mal hatte jemand ein Bild auf Instagram manipuliert, sodass es den Eindruck machte, dass wir in einem Kommentar etwas wirklich Schlechtes über unsere Fans geschrieben hatten. So was hätten wir niemals gemacht! Aber es ist leicht, etwas zu glauben, was wirklich echt aussieht. Dann mussten wir ein Bild posten, auf dem wir die Dinge richtigstellten. Wir müssen uns äußern, wenn es viele Gerüchte gibt, denn nur wenn es von uns kommt, ist es auch wahr.

Hier bekommen wir eine Trophäe, die zeigt, wie viele Alben und Singles wir verkauft haben. Viele, viele Tausend!

Schon gewusst?
Wir bekommen ziemlich gute Noten in der Schule! Obwohl wir viel reisen, bekommen wir in Tests oft Einsen und Zweien.

Haters gonna hate

Heute haben wir über 450.000 Follower auf Instagram. Da müsste man fast schon Hass erwarten, aber die meisten Kommentare sind positiv. Wir versuchen noch herauszufinden, warum man, wenn man erfolgreich ist, Hass auf sich zieht. Wenn man keinen Erfolg hat, hat man auch keine Hater. Schön ist, dass diejenigen, die Mist über uns posten, es mit unseren Fans zu tun bekommen! Sie melden diese Leute umgehend, sodass die Trolle verschwinden, bevor wir sie sehen.

Das Team um uns herum kümmert sich auch um unsere sozialen Medien. Wenn es ein bisschen Sturm gibt, ist es hilfreich, unsere beiden Eltern, Jon und Sony Music miteinzubringen. Sie können das Schlimmste entschärfen, bevor wir es sehen. Es gab zum Beispiel einen amerikanischen YouTuber mit drei Millionen Abonnenten, der unser »Girls«-Video verarscht hatte. Er wollte nicht nur uns, sondern auch Madcon und die Tänzer und alles, was mit diesem Musikvideo zu tun hatte, runtermachen. Das war nicht so cool, als es passierte. Jetzt hat das »Girls«-Video mehr Dislikes als Likes auf YouTube, was aber okay ist. Der Typ gibt uns Aufmerksamkeit, was uns wiederum mehr Klicks für das Video gibt. Wir sehen es positiv. Wir fanden sein Video nicht wirklich langweilig, und es ist ziemlich erstaunlich, dass er uns überhaupt gefunden hat! Wir wissen gar nicht, wie er uns überhaupt gefunden hat, wahrscheinlich haben seine Fans ihm vorgeschlagen, wen er das nächste Mal mobben sollte, und jemand kam dabei wohl auf uns.

Solche Dinge wird man im Internet nie los, wir müssen uns einfach daran gewöhnen, wie es ist. Wir finden es jedoch in Ordnung, Kommentare auf YouTube zu streichen, wenn dort so heftige Wörter benutzt werden, die wir noch nie vorher gehört haben. Nicht nur, weil wir jung sind, sondern auch, weil wir sehr junge Fans haben, die unsere Videos online anschauen – und sie lesen dort auch die Kommentare. So sollte es nicht sein!

Man möchte gelegentlich mit denen Kontakt aufnehmen, die schlechte Dinge schreiben, mit ihnen sprechen und fragen, warum sie uns so sehr hassen, aber die Chance hat man leider nicht. Und während wir versuchen, es zu ignorieren, ist es so, dass, wenn es 160 positive Kommentare und drei negative gibt, man an den drei negativen Dingen hängen bleibt. An diese erinnert man sich am besten, ob man will oder nicht. Wenn es nur eine lange Reihe böser Worte ist, dann ist es okay, dann handelt es sich um einen völlig hoffnungslosen Fall. Schlimmer ist es, wenn etwas Konkretes darüber geschrieben wird, wie wir aussehen oder wie wir singen, somit wird es viel interessanter, es zu lesen. Das Team um uns herum löscht Kommentare, die dort nicht stehen sollten. Und außerdem wissen wir, dass unsere Fans, die weltbesten, die Hater zehn Mal in den Schatten stellen.

Interviews und Medien

Wir werden fast jede Woche interviewt, entweder von einer Zeitung oder Zeitschrift oder im Radio oder Fernsehen. Nicht alle Interviews sind gleichermaßen amüsant, aber manche sind sehr lustig. Die besten Interviews sind für uns die, bei denen wir herausgefordert werden, oder wenn es Fragen gibt, die wir nicht so oft gestellt bekommen. Denn oftmals sind es immer dieselben Fragen, zum Beispiel: »Seid ihr Zwillinge?« Das fragen tatsächlich sehr viele! Oder: Wer sind unsere Vorbilder und was ist der Unterschied zwischen uns? Es sind im Grunde gar keine blöden Fragen, aber irgendwann wird man so müde, immer die gleiche Antwort geben zu müssen. Das ist das Nervigste daran. Aber wir wissen, dass, wenn wir von jemandem interviewt werden, der uns noch nicht interviewt hat, dieser Mensch diese Antworten noch nie gehört hat. Also sind wir immer freundlich, wenn wir interviewt werden. Meistens stimmen wir in Interviews auch überein. Oft sagt Marcus etwas, und Martinus sagt nur: »Stimmt.« Nicht weil er nicht seine eigenen Dinge zu sagen hätte, sondern weil wir oft dasselbe denken. Papa ist immer bei uns, wenn wir interviewt werden, und manchmal hilft er uns, wenn etwas unklar ist. Es kann auch mal sein, dass er sagt, dass wir bestimmte Fragen nicht beantworten müssen – zum Beispiel wenn jemand fragt, wie viel Geld wir verdienen oder solche Dinge. Manchmal ist das für uns ein bisschen schwer zu erkennen, wenn einem so viele seltsame Fragen gestellt werden!

Schon gewusst?

Wir sprechen einen speziellen Dialekt, den nicht viele andere haben. Das liegt daran, dass wir in Hedmark gewohnt haben, bevor wir nach Trofors gezogen sind, und da kommt immer noch etwas vom alten Dialekt durch.

Der erste Bericht über uns in der »Julia«. Super!

Zu Besuch bei den Leuten von NRK mP3.

Hier geben wir P4 ein Interview während der Vinterlyd-Tour.

Wir haben Spaß im schwedischen Fernsehen.

Volle Konzentration bei NRK P3.

»AM MEISTEN SPASS MACHT ES, AUF DER BÜHNE ZU STEHEN.«

– Martinus

In die Nesseln gesetzt

Es ist nicht immer einfach, sich vor den Medien richtig zu verhalten. Als wir zum ersten Mal in Schweden waren und viele Interviews führten, fragte uns jemand: »Gibt es etwas, was dir an Schweden besser gefällt als an Norwegen?« Uns fiel zunächst nichts ein. Es herrschte absolute Stille, und so dachte Martinus, dass er wenigstens irgendetwas sagen müsste. Also antwortete er, dass er die schwedischen Mädchen mochte. Auch wenn er das nicht so meinte, er mag die Norwegerinnen genauso wie die Schwedinnen, aber es kam einfach völlig falsch rüber. Und dann bekamen die norwegischen Fans Wind davon. Sie wurden wütend und beschimpften uns aufs Äußerste auf Instagram. Martinus nur: »Oje, warum habe ich das gesagt?!?!« Darum ging es aber gar nicht, er meinte das überhaupt nicht so. Also mussten wir das auf Instagram erklären, und Gott sei Dank haben die Fans ihm offenbar schnell verziehen.

Marcus steht offensichtlich auf Schweden.

Unten: In Schweden hatten wir sogar die Möglichkeit, Karussell zu fahren.

Wie wir sind

Zum Glück hören wir meistens, dass wir uns in Interviews, im Fernsehen oder in sozialen Medien wie im normalen Leben geben. Das ist schön zu hören, weil wir die ganze Zeit versuchen, wir selbst zu sein. Es ist ein bisschen so, als würde man zwei Leben führen – eines in der Öffentlichkeit und eines in Trofors –, und besonders am Anfang war es sehr seltsam, dass jedes Mal, wenn wir nach Hause kamen, alles wieder ganz gewöhnlich sein sollte. In der Schule konnte schon mal so etwas wie Neid entstehen, dass wir so viel unterwegs waren und so viel Aufmerksamkeit bekamen. Das war aber eher am Anfang so, jetzt haben die meisten mehr Verständnis. Und sie haben auch gemerkt, dass wir tatsächlich sehr viel arbeiten, wenn wir unterwegs sind. Sie haben es in gewisser Weise immer mehr akzeptiert. Aber es war eine kleine Herausforderung, aus einem so kleinen Ort wie Trofors zu kommen, wir waren manchmal ein wenig außen vor, die Leute dort blieben zunächst distanziert. Jedes Mal, wenn wir nach einer Reise in die Schule zurückkamen, gab es immer irgendwie jemanden, der uns spüren ließ, dass wir uns bloß nichts einzubilden brauchten. Aber glücklicherweise hat sich das geändert. Es gibt zwar immer noch Leute, die sich gewisse Kommentare nicht verkneifen können, aber es ist anders als früher. Es ist keine normale Situation, in der wir uns befinden, und es gibt sicherlich Leute, die denken, dass wir völlig anders leben, als wir es wirklich tun. Aber zu Hause sind wir wirklich ganz gewöhnliche Menschen. Und dort führen wir ein ganz normales Leben – im Gegensatz zu dem, was wir erleben, wenn wir nach Oslo oder Schweden kommen. Das ist kein normales Leben. Das ist Chaos. Und es ist wahrscheinlich ziemlich wichtig, sich das immer vor Augen zu führen.

»Was soll das heißen, du siehst mich zweimal?!«

MARCUS' 20 FAVORITEN

Essen: Taco (Tacos)

Trinken: Vann (Wasser)

Süßigkeit: Små godte (Kleine Sachen vom Süßigkeitenstand)

Farbe: Rød (Rot)

Fach: Gym (Sport)

Handy-App: Instagram og Snapchat (Instagram und Snapchat)

Handygame: Pokemon Go (Pokémon Go)

Film: Martinus (Martinus)

TV-Sendung: Ser mest på youtube (Das meiste auf YouTube)

YouTube-Kanal: F2 Freestylers (F2Freestylers)

Website: 730.no (730.no)

Lied: Blurred Lines (Blurred Lines)

Musiker: Justin Bieber, Bruno Mars og Jason Derulo (Justin Bieber, Bruno Mars und Jason Derulo)

Promi: SAMME (Siehe oben)

Traumgirl: Deg (Du)

Fußballteam: Manchester united Manchester United

Fußballspieler: Cristino Ronaldo dos Santos Aveiro (Cristiano Ronaldo dos Santos Aveiro)

Ort in Norwegen: Trofors (Trofors)

Ort auf der Welt: Thailand (Thailand)

Lieblingswitz:
- Er du Saft?
- Eh nei??!
- Så scrubb og blann deg!

(»Bist du Sirup?“
»Äh nein??!«
»Dann misch dich nicht ein!«
– Norwegischer Witz)

MARCUS' SEITE

Wir sind pro Tag schon ziemlich viel unterwegs, wir fahren jede Woche viereinhalb Stunden zum Flughafen in Værnes. Manchmal kommt es einem ein bisschen lang vor, aber es ist okay. Der Flughafen in Mosjøen ist näher, aber dann müssten wir die kleinen Flieger nehmen. Mit denen reise ich aber nicht gern, weil es immer so wackelt, obwohl Mom sagt, dass sie die sichersten Flugzeuge sind.

Ich bin es gewohnt, viereinhalb Stunden Auto zu fahren, in der Regel schlafe ich die ersten zwei bis drei Stunden. Dann ist es nur noch eine Stunde. Und dann essen wir oft bei Big Bite oder holen uns Essen von dort. Cola Zero oder Eis und ein Tacowrap, lecker!

Heute finde ich es ein bisschen peinlich, wenn ich mir die alten Aufnahmen von MGPjr anschaue. Aber trotzdem haben wir mit unserem eigenen Song Goldstatus erreicht – einem Song, den wir selbst geschrieben haben, als wir zehn waren. Wie viele Zehnjährige haben das schon geschafft? Wir hätten nie gedacht, dass wir MGPjr gewinnen würden. Es gab sehr viele dort, die echt gut waren. Und dann kamen wir. Zwei Zwillinge mit hohen Mickymaus-Stimmen.

Unsere Fans werden immer verrückter! Wir lernen immer mehr Leute an verschiedenen Orten kennen, was UNGLAUBLICH Spaß macht, ich liebe es, dass die Fans so viel Zeit mit uns verbringen. Wir haben sogar von einem Fan gehört, der näher zum Flughafen gezogen ist, nur um uns dort öfter zu treffen. So zog die ganze Familie um! Ich wäre nie von zu Hause weggezogen, näher nach Værnes, nur wegen so was! Das ist verrückt. Aber jetzt treffen wir uns fast jedes Mal, wenn wir irgendwo hinfliegen. Solche Dinge passieren uns … Es ist schon krass, wenn man darüber nachdenkt, was die Menschen alles für uns tun. Aber ich liebe es.

MARTINUS'
20 FAVORITEN

Essen: Taco ☺ (Tacos :))

Trinken: Aloe vera (Aloe-Vera-Drink)

Süßigkeiten: Små godte fra Sverige. (Kleine Süßigeiten aus Schweden)

Farbe: rød ☺ (Rot :))

Fach: gym (Sport)

Handy-App: Insta/snap (Insta/Snap)

Handy-Game: spiller ikke mye, men når jeg kjeder meg, så spiller jeg angry birds. XD (Ich spiele nicht viel, aber wenn mir langweilig ist, dann spiele ich Angry Birds X-D)

Film: San andreas ☺ (San Andreas :))

TV-Sendung: Norsk talenter. XD (Norsk Talenter X-D)

YouTube-Kanal: F2 Freestylers (F2Freestylers (YouTube))

Website: youtube (YouTube)

Lied: Light it up (Light It Up)

Musiker: Les Twins (Les Twins)

Promi: Les Twins (Les Twins)

Traumgirl: Snill og Søt. IC ☺ (Nett und süß ;-))

Fußballclub: chelsea (Chelsea)

Fußballspieler: Eden Hazard (Eden Hazard)

Ort in Norwegen: ~~ALLE~~ TRofors (~~ALLE~~ Trofors)

Ort auf der Welt: TRofors (Trofors)

Mein Lieblingswitz: (»In welcher Boutique gehen Kühe einkaufen? Antwort: CUBUS!!!« – Norwegischer Witz)

Emma sin: hvilken butikk går kuene på?
SVAR: CUBUS!!!

MARTINUS' SEITE

Als die Idee aufkam, dass es ein Buch über uns geben sollte, fand ich es sehr cool. Bei allen Sachen, die wir noch nie zuvor gemacht haben, denke ich immer, dass es großartig wird. Also fing ich an, das coolste Buch der Welt zu machen!

Ich weiß noch, dass Dad vor dem VG-Liste-Konzert auf dem Rathausplatz sehr nervös war, aber ich war es wirklich nicht. Ich bin fast nie nervös. Wenn, dann vielleicht mal bei einer Live-TV-Show. Ich glaube, bei »Senkveld« war ich etwas nervös. Es war das erste Mal, dass wir ein englisches Lied live sangen und auch dass wir bei »Senkveld« waren. Aber vor allem war es einfach fantastisch und echt aufregend.

Wenn ich mal nichts zu tun habe, mache ich Musik oder tanze ein wenig. Dann schaue ich mir Videos auf YouTube an und lasse mich bei Tanzschritten inspirieren. Ich schaue mir dann gern Clips an, die ein bisschen wie eine Tanzschule sind.

Was ich gerne mache, wenn wir frei haben, ist, auf dem Trampolin zu springen. Ich kann Saltos machen, und ich kann auch etwas, was nur wenige schaffen; auf den Bauch und dann wieder auf die Beine. Dann auf den Rücken und wieder zurück auf die Beine. Ich versuche, mir den Backflip beizubringen, es wäre cool, das zu können. Vielleicht schaffe ich es ja sogar, ihn irgendwann mal auf dem Boden zu machen?

Wir werden oft gefragt, wie es ist, Zwillinge zu sein. Ich habe mein ganzes Leben lang einen Zwillingsbruder gehabt, also würde ich sagen, dass es ganz normal ist!! Ich hab ja nicht versucht, ohne Bruder zu sein. Wenn er jetzt acht und ich 14 wäre, dann würde ich wissen, wie es ohne Bruder ist, aber es ist, wie es ist. Und es ist sehr schön, einen Zwillingsbruder zu haben. Wir haben nie die Nase voll voneinander, und ich denke auch nicht, dass es jemals so sein wird.

Brüder und beste Freunde – forever.

KAPITEL 5:

HIER UND JETZT

Während wir dies schreiben, haben wir Mitte August, und es regnet. Dieser Sommer war sehr schön, wir sind viel gereist, hatten eine Menge Konzerte und haben viele Fans in Norwegen, Schweden und Dänemark getroffen. Jetzt fahren wir nach Trofors, bevor wir für ein paar Tage verreisen. Mitte Juli hatten wir tatsächlich zwei Wochen, in denen wir zu Hause waren und nichts gemacht haben. Es war sehr schön, dass mal wirklich gar nichts passiert ist! Wir sind gerne auf Tournee, aber wie bereits einige Male in diesem Buch erwähnt, freuen wir uns, auch mal zu Hause zu sein. In diesem Kapitel geht es darum, wie wir privat sind und wann wir zu Hause sind, was jetzt gerade abläuft und was in Zukunft passieren wird. Denn eines ist sicher: Dieses Abenteuer hat gerade erst begonnen.

Zwei verschiedene Persönlichkeiten

Als wir jünger waren, waren wir uns in den meisten Bereichen wahrscheinlich sehr ähnlich. Wir mochten die gleichen Dinge und hingen die ganze Zeit miteinander ab. Wir hatten immer gemeinsame Freunde, es war nicht so, dass jemand einen Freund hatte, der nicht auch mit dem anderen befreundet war. So war es mit vielen Dingen. Aber jetzt kommt es auch schon mal vor, dass sich einer von uns mit dem Longboard beschäftigt, während der andere auf dem Bett liegt und sich Videos auf YouTube ansieht. Aber meistens, auch wenn wir erst unterschiedliche Dinge wollen, finden wir uns irgendwann und hängen dann wieder zusammen ab. Man hat einfach immer Gesellschaft, wenn man zu zweit ist! So ist es bei Zwillingen nun mal. Wenn einem langweilig ist, kann man ja noch den anderen ärgern … Und das macht besonders viel Spaß. Wir haben eine besondere Verbindung, weil wir Zwillinge sind. Aber wir sind zwei verschiedene Menschen, auch innerlich.

Schon gewusst?
In Sachen Klamotten ist Justin Bieber unser Vorbild.

Marcus ist wahrscheinlich der Lebhaftere von uns beiden. Mom sagt, dass er »launischer« ist als Martinus, und er findet es zum Beispiel auch peinlicher, Mom vor anderen Leuten zu umarmen und so weiter. Martinus ist derjenige, der sich viel um Emma kümmert und mit ihr spielt. Das bedeutet, dass er derjenige ist, der von ihr eine Umarmung bekommt, auch wenn Marcus gerne eine haben möchte. Marcus beschäftigt sich viel mit seinem Handy, während Martinus eher daran interessiert ist, Musikprogramme auf dem Mac zu lernen und Klavier zu spielen.

Marcus war immer ein kleiner »großer Bruder«. Er übernimmt zum Beispiel das Ruder, wenn wir Interviews geben oder neue Leute treffen. Er spricht am meisten und ist derjenige, der sich diesen Sachen gern stellt, und er denkt auch nicht so viel nach, bevor er spricht. Martinus ist etwas zurückhaltender, er muss oft warten, bis Marcus fertig ist, bevor auch er was sagen kann. Vor Interviews sprechen wir kurz mit Papa, auf was wir alles achten müssen, und dazu gehört auch, dass wir sicherstellen müssen, dass Marcus nicht der Einzige ist, der spricht. Martinus möchte mehr über die Fragen nachdenken, die gestellt werden, während Marcus einfach losplappert. Martinus ist ein wenig vorsichtiger, in vielen Dingen. Wir brauchen unterschiedlich lange, um mit der Situation warm zu werden, aber wenn man uns richtig kennengelernt hat, merkt man, dass wir beide sehr redefreudig sind!

»NICHTS SCHLÄGT DAS GEFÜHL, AUF DER BÜHNE ZU STEHEN UND SICH AUF DIE FANS ZU FREUEN, DIE GROSSE M'S IM GESICHT HABEN UND SPRINGEN UND SINGEN!«

– Martinus

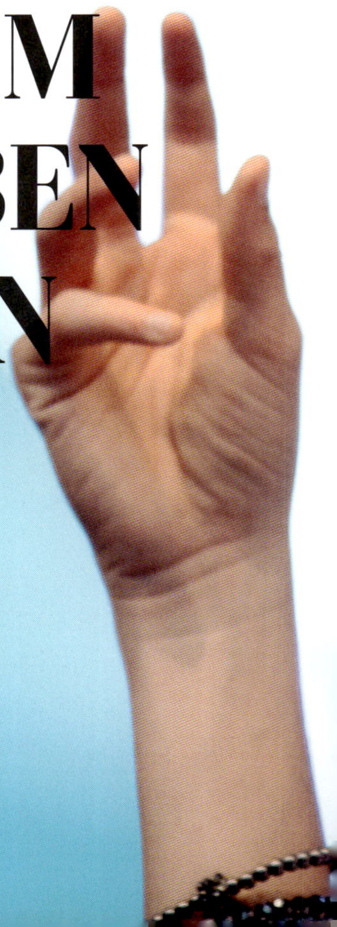

»WIR SIND SEHR GLÜCK-LICH MIT ALL DEN MENSCHEN, MIT DENEN WIR ZUSAMMEN-ARBEITEN.«

– Martinus

Was die Musik betrifft, singen wir zu gleichen Teilen. Martinus übernimmt meistens die hohen Töne, während Marcus eher rappt. Martinus kann mittlerweile gut Klavier spielen, bei den Konzerten spielt er zum Beispiel gerne Justin Biebers »Love Yourself«! Das ist sehr cool. Wir sind beide viel kreativer geworden und mehr daran interessiert, Musik zu machen, als zuvor. Wir wollen nicht den Rest unserer Karriere nur Lieder singen, die andere für uns geschrieben haben. Jon pusht uns, damit wir an den ganzen Prozessen teilhaben, zum Beispiel sollen wir eigene Änderungen und Vorschläge mitbringen, wenn die Produzenten mit uns im Studio arbeiten.

Bis wir Songs ganz alleine schreiben, wird es wohl noch etwas dauern, aber wir haben ganz klare Vorstellungen davon, welche Art von Sounds wir mögen und welche Lieder wir singen wollen. Zum Beispiel gefiel Martinus »I Don't Wanna Fall in Love« am Anfang nicht! Aber dann haben wir einige Änderungen vorgenommen, es neu und anders gemacht, und dann hat er es schließlich geliebt. Martinus ist derjenige, der sehr genau ist. Er ist offenbar ein kleiner Perfektionist und oft derjenige, der am wenigsten mit einem Konzert oder einem Foto von uns zufrieden ist. Marcus ist da ein wenig lockerer und sagt schnell: »Das ist gut so, wie es ist!«

Wir sind beide heute viel mehr Künstler als früher. Wir verstehen viel mehr von dem, was wir tun, und so ist auch klar, dass wir Meinungen zu Dingen haben. Zum Glück ist es nie so wild, dass wir streiten und richtig wütend aufeinander werden, aber es passiert, dass Papa einschreiten muss und sagt: »Wir machen es so«, und so wird es dann auch gemacht.

Es hat eine Weile gedauert, bis wir erkannten, dass wir nicht die gleiche Kleidung oder die glei-

Seht ihr jetzt einen Unterschied zwischen uns? Martinus auf der linken, Marcus auf der rechten Seite.

che Frisur haben müssen. Als das Thema zum ersten Mal auf den Tisch kam, fanden wir es total blöd. Aber jetzt sind wir sehr glücklich darüber! Wir mögen verschiedene Frisuren und verschiedene Styles, denn schließlich sind wir nicht ein und dieselbe Person!

Schule

In diesem Herbst haben wir mit der 9. Klasse begonnen. Wir sind nicht gerade leise und zurückhaltend im Klassenzimmer, und früher haben wir während des Unterrichts viel gesungen. Es gab keinen Tag, an dem jemand nicht sagte: »Hör auf zu singen, Marcus!« oder »Sei still, Martinus!« Aber wir versuchen, das nicht mehr so oft zu machen. Nachdem wir in die Sekundarstufe gekommen waren, bemerkten wir auch, dass es schwieriger und mehr Arbeit war als in der Grundschule. Es ist wichtig für uns, gute Noten zu haben, besonders wenn wir so viel unterwegs sind. Wir müssen gut mit unserer Schule zusammenarbeiten, damit wir mit dem Stoff mithalten können, auch wenn wir nicht so oft da sind wie die anderen.

Am Anfang, als wir MGPjr gewannen, waren wir oft weg. Es gab so viel, an dem wir teilnehmen mussten, eine Weihnachtstour und vieles andere. Aber wir wussten, dass es nur ein Jahr sein und sich wieder beruhigen würde. Für die Schule war das okay, sie sorgten dafür, dass alles weiter seinen Weg ging. Und da waren wir erst zehn, hatten also noch gar nicht unseren eigenen Kopf und so weiter.

Aber nach einem Jahr war es nicht vorbei, es ging einfach weiter. Also wurde man in der Schule etwas skeptisch. »Ihr wart letztes Jahr so oft weg, aber Schule muss sein!« Wir sagten, dass es nächstes Jahr sicher besser werden würde. Dann kam das Jahr, und es wurde wieder nicht besser. Aber damit hatte niemand gerechnet, auch wir nicht, also hatten wir nicht gelogen. Nach und nach erkannten sowohl wir als auch die Schule, dass es mit der Musik weitergehen würde, dass wir weiterhin viel unterwegs sein würden. So wurde es für alle etwas leichter, sich darauf einzustellen. Wir haben das Glück, eine verständnisvolle Schule zu haben, wo man uns unterstützt, und wir wollen so gut wie möglich mit den Leuten zusammenarbeiten. Jetzt haben wir die gleichen Aufgaben und den gleichen Stundenplan wie alle anderen Schüler. Wir geben die Zeiten an, an denen wir frei haben müssen, damit die Schule einen Überblick hat. Und wenn an einem Freitag ein Test angesetzt ist und wir am Donnerstag losmüssen, wird versucht, das Ganze auf den Mittwoch vorzuziehen. Das ist für uns okay. Diese Abstimmung ist absolut perfekt. Es ist vielleicht einfacher, diese Dinge zu bekommen, wenn man in einem kleinen Ort wie Trofors lebt, wo jeder jeden kennt … Wir sind immer sehr glücklich, dass die Dinge mit der Schularbeit funktionieren, weil wir wissen, wie wichtig es ist.

Es kommt vor, dass auch Papa ein bisschen müde wird.

Ha ha ha!

Martinus' Witzecke:

Soll ich dir mal einen richtig trockenen Witz erzählen? Er geht so: Wüste.

Schon gewusst?
Englisch und Sport sind Marcus' Lieblingsfächer in der Schule.

In der Schule hat es aber aufgehört, dass man die Dinge, die wir machen, kommentiert. Vorher war es ein bisschen so: »Ihr wart echt gut, als ihr da und dort aufgetreten seid«, aber mittlerweile gibt es nicht mehr viele, die etwas dazu sagen. Manche verhalten sich anders. Einige aus der 10. Klasse sind jetzt ein bisschen netter, weil sie Fotos machen und jemandem schicken wollen. Es ist sogar vorgekommen, dass Lehrer uns gebeten haben, Plakate zu signieren oder wegen irgendwelcher besonderen Sachen die Stunde zu verlassen. Es ist ein bisschen speziell, aber wir haben uns daran gewöhnt, wie es ist.

Papa ist ausgebildeter Lehrer, was ein großer Vorteil für uns ist. Vor ein paar Jahren war er gelegentlich auch an unserer Schule tätig, wir hatten ihn tatsächlich offiziell mal als Lehrer! Jetzt ist er mehr wie ein Privatlehrer für uns, wenn wir auf Reisen sind. Vor allem, wenn wir lange weg sind, um viele Konzerte zu geben, stehen wir morgens auf und gehen zum Frühstück, und wenn wir fertig sind – bevor es Soundproben gibt oder wir auf die Bühne gehen –, machen wir Hausaufgaben. Wir verbringen meist eineinhalb Stunden damit. Wir sind nur zu dritt, das ist viel effektiver als in der Schule. Dort muss der Lehrer dem und dem helfen und etwas erklären, wenn jemand es nicht verstanden hat, und das bedeutet viel Wartezeit. Wir hingegen sind sehr effektiv und verbringen somit weniger Zeit damit als in der Schule. Es ist aber wichtig, dass wir es gut machen und gute Noten bekommen. Dad hat viel über die Tatsache gesprochen, dass wir unsere Arbeit in der Schule gut machen müssen, um den Lehrern keinen Grund zu geben, skeptisch zu sein. Wir müssen uns mehr beweisen, weil wir so oft weg sind. Wie es wohl gelaufen wäre, wenn Dad nicht Lehrer gewesen wäre? Schwer zu beantworten. Besonders hart war es zum Beispiel, als wir am Vinterlyd teilgenommen haben, wo ständig etwas passierte – Interviews, Proben, Konzerte, Reisezeit und dann noch die Schule. Das war wie zwei Vollzeitjobs gleichzeitig! Aber wir sind fest entschlossen, das zu schaffen. Und bisher läuft es sehr gut.

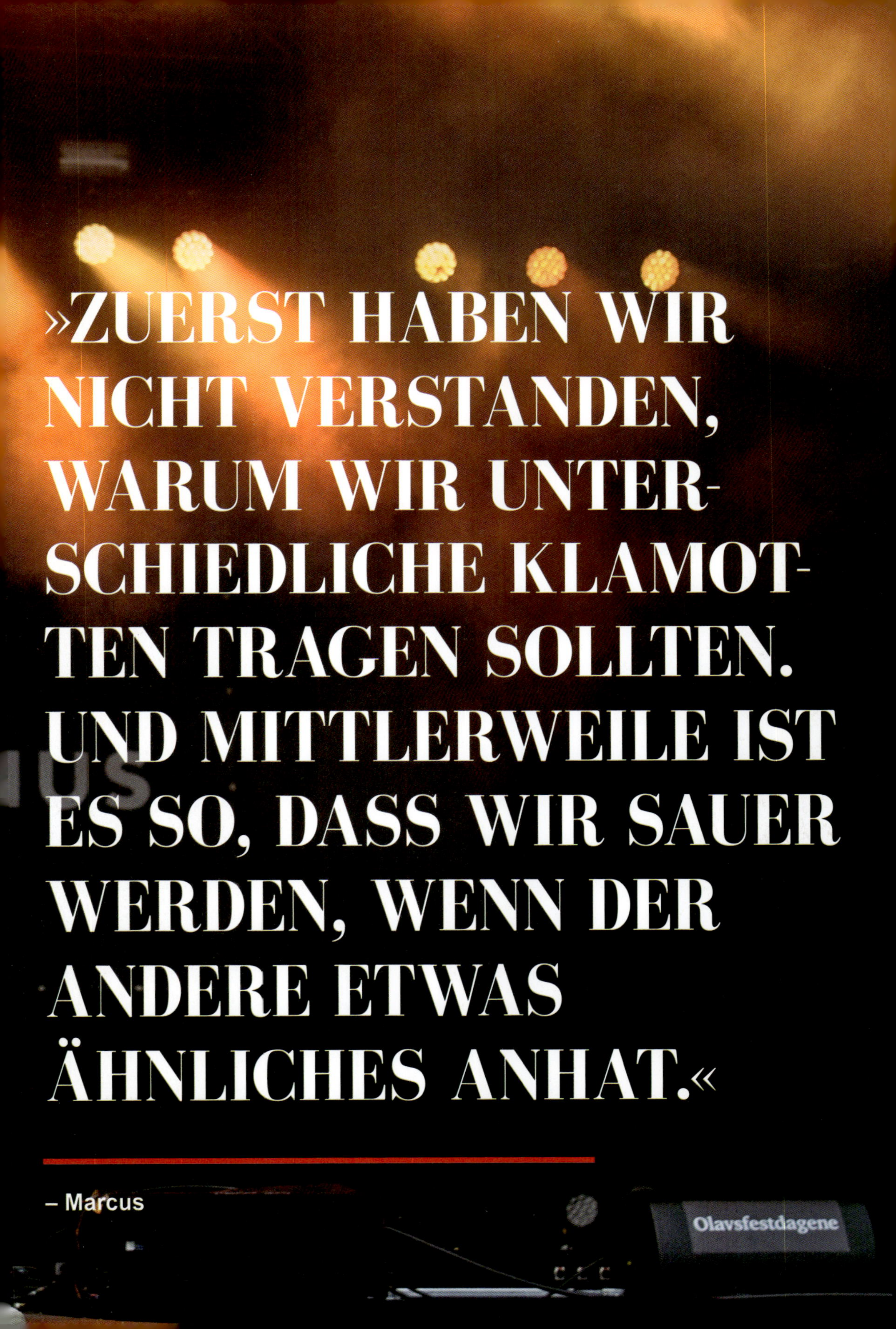

»ZUERST HABEN WIR NICHT VERSTANDEN, WARUM WIR UNTERSCHIEDLICHE KLAMOTTEN TRAGEN SOLLTEN. UND MITTLERWEILE IST ES SO, DASS WIR SAUER WERDEN, WENN DER ANDERE ETWAS ÄHNLICHES ANHAT.«

– Marcus

Fußball

Es ist kein Geheimnis, dass wir wirklich davon geträumt haben, Profifußballer zu werden. Wir waren jedes Jahr in der Fußballschule von Rosenborg Trondheim, wo man uns auch förderte, weil wir in unserem Alter zu den Besten gehörten. Aber in den letzten anderthalb Jahren haben wir gemerkt, dass wir es leider nicht mehr so verfolgen können wie zuvor. Wir haben immer noch Fußballtraining, wenn wir zu Hause sind, aber wir haben nicht mehr die Zeit, uns ganz darauf zu konzentrieren, also wird es immer weniger. Wenn man 14 Jahre alt ist, muss man anfangen, sich zu entscheiden – will man Fußball spielen oder etwas anderes machen. Man kann nicht so viele Dinge gleichzeitig machen, weil man dann keine Zeit für die Schule hat. Natürlich wissen wir, was wichtiger für uns ist, aber wir würden beides gerne machen. Wirklich, in der Regel nehmen wir auch einen Fußball mit auf Tour. Ein wenig trainieren und weitermachen. Aber es ist natürlich schwierig, die Form zu halten. Jetzt wollen wir Künstler werden, aber wir versuchen, so viel Fußball wie möglich zu spielen. Wir haben den Traum vom Profifußball nicht aufgegeben, auch wenn dafür zu wenig Zeit bleibt … Wir konzentrieren uns also auf den Musiktraum, nehmen aber den Fußball und die Trainingsgeräte mit. Manchmal finden wir unterwegs einen Fußballplatz in der Nähe unseres Hotels, und diesen Sommer haben wir uns sogar dem Prominentenmatch beim Norway Cup angeschlossen, das war der Knaller!

Wir haben immer noch einen kleinen Traum: Profifußballer!

Schon gewusst?

Was den norwegischen Fußball angeht, ist Rosenborg Trondheim unser Favorit!

Das ist unser Job

Es macht wirklich Spaß, so viel zu reisen wie wir. Wir lernen ganz Norwegen kennen und sehen Dinge, die wir noch nie zuvor gesehen haben, es ist unglaublich! Gleichzeitig ist es manchmal etwas ermüdend. Es ist tatsächlich ein Job, und wir müssen zum Beispiel immer darüber nachdenken, wie wir uns verhalten und wie andere uns wahrnehmen, wohin wir auch gehen. Sobald wir aus Trofors rausfahren, sind wir die Künstler Marcus & Martinus, nicht die Privatmenschen.

In gewisser Weise sind wir also immer im Job, wenn wir unterwegs sind, denn es gibt immer jemanden, der uns auf der Straße erkennt und eine Meinung über uns hat. Wir sind immer ein Vorbild. Das ist okay, weil es nun mal so ist. Manchmal kann es aber

Wir können gar nicht mehr mitzählen, wie oft wir schon geflogen sind!

auch zu viel sein. Aber in der Regel haben wir nur Spaß. Da wir einen Job haben, verdienen wir auch Geld. Wir finden es besonders, dass wir mit 14 Jahren so viel Geld verdienen, teilweise sogar mehr als viele Erwachsene. Aber das Geld, das wir jetzt verdienen, geben wir nicht aus, unsere Eltern auch nicht. Wir sparen alles! Es ist schon cool, das Geld für später zu haben, zum Beispiel für ein Haus oder ein Auto. Also betrachten wir uns nicht als reich. Wir bekommen auch nicht so viel Taschengeld, aber normalerweise kaufen wir sowieso nicht viel. Dad hilft uns aus, wenn wir etwas brauchen.

Es ist toll, unseren Vater immer dabeizuhaben. Ohne ihn wären wir bei Konzerten nicht so gut. Er ist es, der uns antreibt, uns zu konzentrieren, und wir haben immer ein »Motivationsgespräch«, wo er uns vorbereitet und uns gut zuredet, bevor wir auf die Bühne gehen. Außerdem sorgt er immer dafür, dass wir genug zu essen und zu trinken bekommen, vor allem, dass wir viel Wasser trinken. Er hilft uns immer, uns vor der Show aufzuwärmen. Wir fangen etwa eine Stunde im Voraus an und ziehen uns mit Papa Backstage zurück. Zuerst massieren wir unsere Lippen, dann machen wir vielleicht noch ein paar Liegestütze, bevor wir unsere Stimmen mit vielen verschiedenen Gesangsübungen aufwärmen. Dabei hat jeder seine eigene Art. Wir haben viel von anderen Künstlern und Menschen gelernt, die viel darüber wissen, und dann haben wir das Beste davon für uns herausgezogen. Wir müssen etwas Zeit darauf verwenden, besonders jetzt, wo wir im Stimmbruch sind, ist es wichtig, vorsichtig zu beginnen. Sonst werden wir heiser und verlieren sofort die Stimme! Dann müssen

Hier findet das Tanz-Casting für das »Girls«-Video im Oslo Spektrum statt.

wir noch ein paar langweiligere Sachen machen wie Tee trinken und so weiter, und dann machen wir noch ein paar Liegestütze, bis wir bereit sind. Wir tun das, um den ganzen Körper und nicht nur die Stimme warm zu machen. Das ist wichtig, weil wir auf der Bühne so aktiv sind! Wir besprechen auch immer, was wir tun werden, wenn wir auf die Bühne kommen, wir gehen die Set-Liste mit der Reihenfolge aller Songs durch und stimmen uns ab, was wir wann sagen werden. Gelegentlich muss Papa zwischen uns vermitteln, wenn wir nicht einer Meinung sind. Das passiert manchmal. »Ich werde es so machen.« – »Ja, ich aber nicht!« Dann ist es gut, dass er da ist und für uns entscheidet. Außerdem ist er auch ein bisschen wie ein Kellner für uns, wenn wir kurz vor einem Auftritt sind. Er holt uns, was wir brauchen, und fragt, oder ob wir noch irgendwas Bestimmtes wollen. Manchmal nutzen wir das auch ein wenig aus! Dad hilft uns mit dem ganzen Equipment und den Mikrofonen und ist tatsächlich bei uns, bis wir auf die Bühne kommen und die Tänzer treffen. Manchmal sind wir ein wenig genervt, besonders wenn wir im Fernsehen auftreten, denn da ist er meist ein bisschen mehr gestresst und überprüft alles dreimal. »Ist das Mikro an?« Und wir müssen zum dritten Mal antworten: »Ja, es ist an, genauso wie bei den beiden Malen zuvor, als du gefragt hast …«

Das Oslo Spektrum ist groß. Stellt euch vor, wir spielen dort zwei Konzerte!

Einlass zum Tanz-Casting.

»WENN WIR FANS TREFFEN, SPRECHEN NICHT VIELE MIT UNS, DIE MEISTEN WOLLEN NUR FOTOS MACHEN.«
– Marcus

Nach dem Konzert

Wenn wir nach einem Konzert die Bühne verlassen, steigen wir direkt in ein Auto und verlassen die Gegend. Das haben wir im letzten halben Jahr angefangen, weil es so verrückt wegen der vielen Leute und dem ganzen Trubel ist! Das Auto wartet auf uns, und wir gehen, während die Tänzer auf der Bühne stehen und T-Shirts oder andere Sachen an die Fans geben. Wir tun das, damit sich nicht zu viele Leute hinter der Bühne oder auf der Straße versammeln, denn es kann auch gefährlich werden, wenn zu viele Menschen zusammentreffen. Das wollen wir vermeiden. Das Auto, das auf uns wartet, fährt uns normalerweise zu einem Ort, wo wir ein von uns gemietetes Auto geparkt haben, und von dort fahren wir nach Hause oder zu unserem Hotel.

Auf dem Weg nach Hause besprechen wir mit Dad nochmals das Konzert. Es ist oft das Erste, worüber wir im Auto sprechen. Meistens sind wir erleichtert und glücklich, weil wir ein tolles Konzert hatten, aber es ist immer schön, über alles zu sprechen, was wir auf der Bühne gemacht haben, sowohl die guten als auch die schlechten Dinge. Eine typische Sache, die er sagt, ist: »Heute hatte es eine echt gute Energie, Jungs!« Und dann geht er auf Dinge ein, die wir falsch gemacht haben oder nächstes Mal besser machen könnten. Wir finden das gut und sinnvoll. Obwohl es manchmal nicht so cool ist zu hören, wenn etwas schlecht war. Dann will man nicht wirklich darüber reden. Manchmal sind wir nach einem Konzert so müde, dass wir über nichts nachdenken wollen, während es bei anderen Gelegenheiten wiederum völlig okay

Nichts macht uns glücklicher, als ein Konzert zu geben.

ist. Das Gute an Dad ist, dass wir wissen, dass er ehrlich zu uns ist. Es ist gut, dass jemand sagt, wenn etwas schlecht gewesen ist, denn sonst ändert man ja nichts! Und wir stimmen ihm in der Regel zu. Manchmal teilen wir nicht seine Meinung, was gut oder schlecht sein kann. Martinus ist derjenige, der sich selbst am meisten fordert. Wenn er nicht der Meinung ist, dass es zu 100% gut war, kann er für eine Weile ein bisschen schlecht drauf sein, aber dann vergeht es auch wieder. Zum Glück dauert es nie lange! Marcus ist da ein bisschen entspannter und denkt meistens, dass es gut war, wenn auch nicht zu 100% gut.

Wenn wir nach einem Konzert schlafen gehen, sprechen wir mit Papa am Bett immer noch über verschiedene Dinge. Wenn es etwas gab, was nicht so funktioniert hat, wie es sollte, dann reden wir darüber, damit es beim nächsten Mal definitiv besser wird und wir ein bisschen mehr an diesen Dingen arbeiten. Wir machen das immer so, dass wir mit Papa unsere Leistungen auswerten. Wir machen das auch nach Fußballspielen und so, und wir wissen, dass er immer sagt, wie die Dinge sind. Wir drei versuchen, ehrlich miteinander umzugehen. Dann wird es einfacher, in dem, was wir tun, noch besser zu werden!

Schon gewusst?

Marcus ist 2–3 Zentimeter größer als Martinus.

Prioriteringer med barn

»PAPA ARBEITET SEHR HART, UM EIN SUPER-PAPA ZU SEIN. UND DAS IST ER AUCH!«

– Marcus

Motivation
Für uns gibt es fast nichts Besseres, als auf der Bühne zu stehen! Und wir lieben es, im Studio zu sein, Musik zu machen und neue Songs aufzunehmen. Aber wir müssen noch viele andere Dinge machen, die nicht so viel Spaß bringen. Es kommt sogar mal vor, dass es für uns ein bisschen schwierig ist, uns auf der Bühne zu motivieren, aber das passiert nur, wenn wir sehr müde sind. Meistens wenn wir viele Konzerte hintereinander gehabt haben. Im letzten Jahr haben wir festgestellt, dass es immer mehr zu tun gibt. Dass so viele Leute sich für uns interessieren, ist wirklich toll, aber wir sind immer noch zwei 14-jährige Jungs, die hin und wieder mal müde werden. Wir können nicht immer mehr Leistung bringen, ohne auch mal eine Pause zu machen!

Auf der Bühne bekommen wir viel Energie von unseren fantastischen Fans!

Wenn wir müde sind, merken wir, dass uns die Energie fehlt, wir sind schneller gereizt. So ist das bei den meisten Leuten. Wer müde ist, hat weniger Geduld und geht schneller in die Luft. Aber meistens dauert es bei uns eine Weile, bis es so weit ist. Wir sind oft etwas genervt, wenn wir bei Interviews Fragen gestellt bekommen, die wir schon oft beantwortet haben. »Habt ihr Freundinnen? Streitet ihr euch auch mal?« Meistens haben wir darauf keine Lust, dann können unsere Antworten auch mal ein wenig kurz sein, weil wir so schnell wie möglich damit fertig sein wollen. Aber wenn wir interessante Fragen gestellt bekommen, mögen wir Interviews auch gern!

Es hängt alles davon ab, wie wir uns fühlen und ob wir in letzter Zeit zu viel gemacht haben. Zum Glück merkt Dad sehr schnell, wenn wir einen Break brauchen, und dann ist es seine Aufgabe, auch mal Dinge für uns abzulehnen. Was wir im letzten halben Jahr vereinbart haben, ist, dass wir völlig frei haben, wenn wir frei haben. Dass wir nicht über E-Mails oder Videogrüße oder Songauswahl nachdenken müssen, wenn wir uns entspannen wollen. Kleine Dinge können sehr groß erscheinen, wenn man müde ist. Und dann ist es besser, die Kräfte wieder zu sammeln und sich mit ganz anderen Dingen zu beschäftigen, statt an die Arbeit zu denken. Dann spielen wir normalerweise Fußball oder mit dem Handy, hängen einfach nur miteinander oder mit Freunden ab, springen auf dem Trampolin … solche Sachen eben. Ganz normale Dinge. Es ist sehr schön, nach Hause zu kommen, abzuschalten und wir selbst sein zu können. Dann können wir auch mal in Trainingshose rumlaufen, wenn wir wollen, weil niemand da ist und ein Foto machen will. Es sei denn, jemand steht vor unserer Tür und bittet um ein Bild … Im Sommer waren es bis zu fünf Familien pro Tag! Eigentlich machen wir so etwas nicht, wenn wir frei haben, aber oft hängt es von der Situation ab. Wir sagen normalerweise nicht Nein.

Schon gewusst?
Marcus mag Manchester United, Martinus steht auf Chelsea.

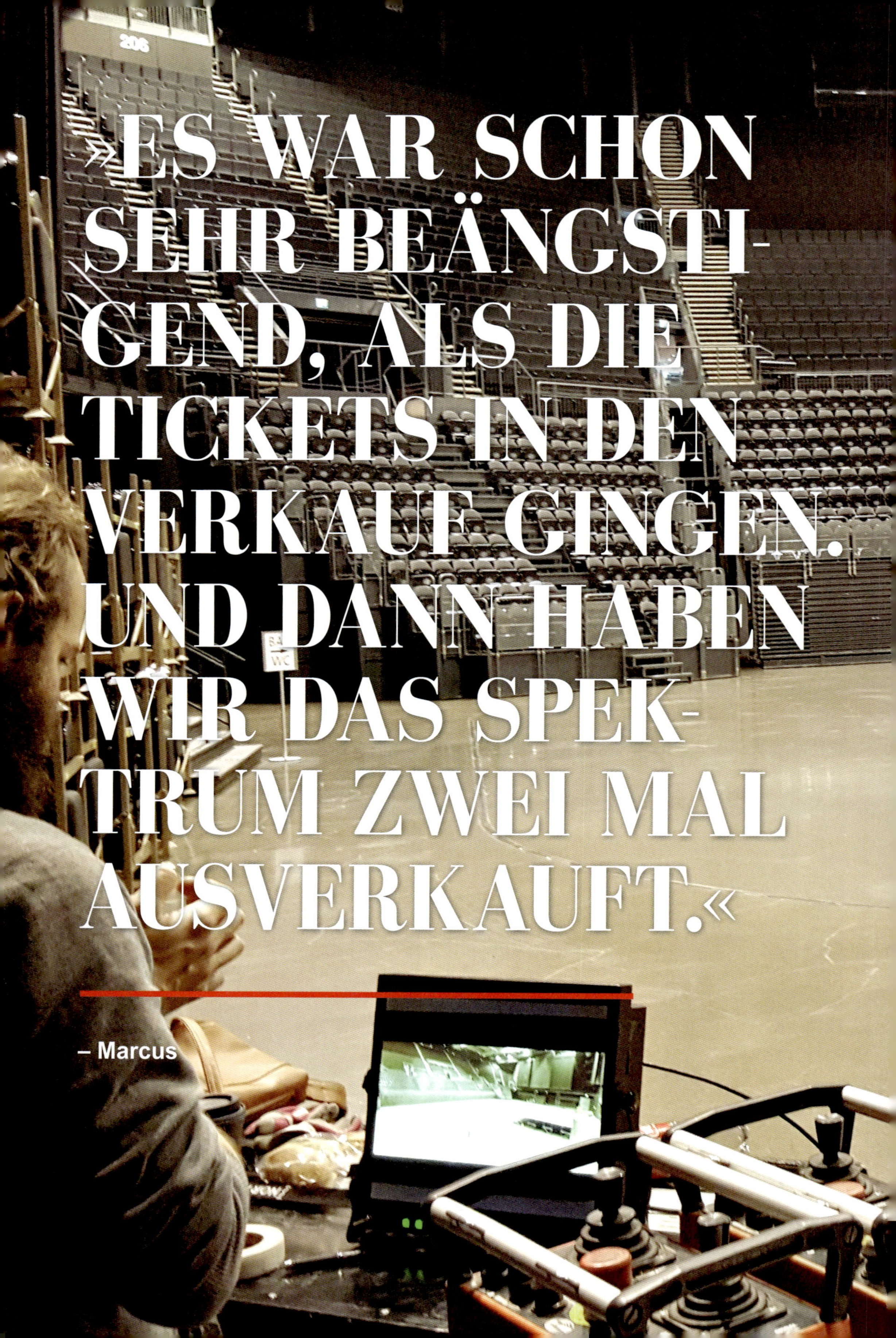

»ES WAR SCHON SEHR BEÄNGSTIGEND, ALS DIE TICKETS IN DEN VERKAUF GINGEN. UND DANN HABEN WIR DAS SPEKTRUM ZWEI MAL AUSVERKAUFT.«

– Marcus

Home und Family

Mama und Emma sind viel in Trofors und passen auf das Haus auf. Manchmal kommen sie uns unterwegs besuchen, was toll ist, aber meistens bleiben sie zu Hause. Papa ist immer derjenige, der überall mit uns hinreist, und er wird es tun, bis wir 18 sind. Und vielleicht auch danach noch! Es ist sehr seltsam, darüber nachzudenken, wie sehr unsere Karriere unser Leben beeinflusst. Das gilt nicht nur für uns zwei, sondern für die ganze Familie. Es kann ein bisschen beängstigend sein, darüber nachzudenken, wie es werden könnte. Was ist, wenn wir noch erfolgreicher werden? Schaut euch nur Leute wie Justin Bieber oder One Direction an, sie haben kein wirkliches Leben mehr. Wir merken auch, dass wir bestimmte Dinge nicht mehr tun können, zum Beispiel in Oslo auf die Straße gehen. Und das gilt mittlerweile auch für Schweden, was früher ein Paradies für uns war! Wir wissen nicht, wie es wird, wenn wir in noch mehr Ländern durchstarten. Aber das wollen wir am meisten! Deshalb veröffentlichen wir englische Lieder und hoffen, dass sie in so vielen Ländern wie möglich erfolgreich werden. Daran werden wir in Zukunft arbeiten. Wir wollen ganz Europa erobern!

Es begann vor einigen Jahren, noch bevor irgendjemand von uns in den Stimmbruch kam.

Für Emma ist es wahrscheinlich etwas ganz Besonderes, mitten in all dem zu sein, was um uns herum passiert. Mittlerweile ist sie acht Jahre alt, und die Hälfte ihres Lebens war so wie jetzt, mit viel Fokus auf uns. Obwohl jeder versucht, sie so weit wie möglich von dem fernzuhalten, was passiert, kann sie das alles oft nicht verstehen. Zum Beispiel wenn wir am Flughafen sind und die Leute uns um ein Autogramm oder ein Bild bitten, muss Emma immer zur Seite treten. Vielleicht ist das der Grund, warum sie uns nicht mehr so viel umarmt und so, vielleicht ist sie ein wenig sauer, dass die Dinge sind, wie sie sind. Aber gleichzeitig ist sie sehr stolz! Auch sie erhält Briefe und Pakete, und bei Konzerten sind auch schon mal Geschenke und Kuscheltiere für sie dabei. Wir haben sehr aufmerksame Fans, und sie ist sehr glücklich darüber! Manchmal würden wir gerne wissen, was sie denkt, weil es für sie nicht so einfach ist, über all das zu sprechen, weil sie noch so klein ist. Sie hat bestimmt eine ganz eigene Sicht auf die Dinge. Wahrscheinlich ist es ein bisschen merkwürdig für sie, ihre Brüder plötzlich in Zeitschriften oder im Fernsehen zu sehen. Eine Sache hat sie definitiv erkannt – dass es klug ist, uns zu erwähnen, wenn sie Aufmerksamkeit will. Wenn sie sagt: »Uff, das sind meine älteren Brüder, Marcus und Martinus«, kommt meist die Reaktion: »Ui, du kennst sie?« Und dann kann sie antworten: »Ja, Schlauberger, ich bin ihre kleine Schwester!« … Das nutzt sie ein bisschen aus. Und es zeigt auch immer Wirkung!

Älter werden

Was wir beim Älterwerden stark merken, ist, dass sich die Stimme verändert! Marcus war der Erste im Stimmbruch, und dann folgte Martinus ein paar Monate später. Es ist sehr merkwürdig, wenn man mit jemandem spricht, und plötzlich bricht die Stimme mitten im Satz. Wir bemerken einen großen Unterschied, vor einem halben Jahr war das nicht so. Aber zum Glück ist es kein Problem, wir müssen uns vorm Singen nur richtig aufwärmen, weil wir viel schneller heiser werden. Unsere Stimme ist irgendwie kratziger geworden, sie hat sich noch nicht ganz entwickelt. Wir haben auch Hilfe von einem Coach, damit der Stimmwechsel so reibungslos wie möglich abläuft. Die Stimme ist wie ein Muskel, und sie muss gut trainiert sein, wenn man viel singt. Deshalb kümmern wir uns um die Veränderungen, damit die Stimme lange

Schon gewusst?

Wenn wir 20 Jahre alt werden, können wir 10 Jahre als Künstler feiern! Es ist schon krass, wenn man darüber nachdenkt.

hält! Aber wir bemerken einen großen Unterschied, sogar in Bezug aufs Hören, besonders in Interviews und so weiter!

Eine andere Sache, die zum Älterwerden gehört, ist eindeutig das Thema Mädchen und so weiter. Wir werden in jedem Interview danach gefragt, und wir stellen fest, dass die Leute diesbezüglich sehr neugierig sind. Aber wir müssen fast immer dieselben Antworten geben. Wir sind nicht in jemanden verliebt, und wir haben keine Freundinnen. Martinus war mal verliebt, aber das ist vorbei. Wir hatten nie Freundinnen, auch wenn wir gerne welche hätten! Wir glauben, wir hätten tatsächlich die Zeit dafür, obwohl wir viel zu tun haben. Aber wir müssten jemanden finden, der nicht so eifersüchtig wird. Unsere zukünftigen Freundinnen müssten damit klarkommen, dass wir nicht viel zu Hause sind und oft verreisen. Wir könnten auch nicht einfach aufhören, mit anderen Mädchen Fotos zu machen und ihnen Küsse auf die Wange zu geben und so weiter, weil wir das immer bei unseren Fans machen.

Wir suchen aber nicht nach einem bestimmten Typ Mädchen. Wir haben keine Traumgirls oder Ähnliches, das Wichtigste ist, dass sie nett, lustig und süß sind … und dass sie nicht so eifersüchtig sind und verstehen, dass das, was wir tun, an vorderster Stelle steht.

Eigentlich hätten wir uns gewünscht, dass dieser Teil des Buches viel länger wäre, dass es noch mehr zu erzählen gäbe. Leider ist das nicht der Fall, da wir noch nie mit jemandem zusammen waren! Aber immerhin ist Marcus gut auf seine Suche vorbereitet: »Are you Google? Because you're everything I'm searching for!«

Jepp, wir sind immer noch Single.

Neues Album, Spektrum, Film und Fernsehen

In diesem Herbst geht es in hohem Tempo weiter, es wird viel passieren! Wir stecken mitten in der Arbeit an unserem nächsten Album, wir nehmen es in Oslo sowie auch in Trofors in unserem Kellerstudio auf. Das Album heißt »Together«, und wir freuen uns darauf! Es wird unser erstes englisches Album sein, und wir haben bereits vier Songs dafür aufgenommen. Das bedeutet, dass es weitere sechs bis sieben Songs geben wird, die wir diesen Herbst aufnehmen. Es gibt immer noch sehr typische Marcus-&-Martinus-Songs, obwohl sie auf Englisch sind. Keine Angst, ihr werdet uns wiedererkennen – wir versuchen nicht, Justin Bieber oder irgendjemand anderes zu sein, nur wir selbst. Die englischen Songs, die wir bisher veröffentlicht haben, sind erstaunlich gut angekommen, zum Beispiel hat »Girls« 12 Millionen Streams, was echt crazy ist. Wir haben drei völlig verschiedene Songs gemacht (»Girls«, »I Don't Wanna Fall in Love« und »Heartbeat«), um sie ein wenig zu testen. Das Wichtigste für uns war, dass die englische Aussprache korrekt war! Als in der VG stand, dass »das Englisch tadellos« ist, waren wir so froh! Es war sehr wichtig für uns, eine Bestätigung zu bekommen. Es beweist, dass sich all die Arbeit, die wir für die Übersetzung ins Englische geleistet haben, gelohnt hat. Jetzt können wir natürlich keine Lieder mehr auf Norwegisch machen. Und als Witz sagen wir, dass unser neues Album nicht so gut funktionieren wird wie das »Hei«-Album, weil so viele kleine Kinder die norwegischen Lieder sogar mit in den Kindergarten nahmen! Dadurch, dass sie nicht genug von unseren Liedern bekamen, ist es kein Wunder, dass wir so lange auf der

Vor der Kamera.

VG-Liste waren. Mit den englischen Liedern wird es möglicherweise anders sein. Vielleicht werden wir eine Weile in den Top 10 sein und dann wieder rausfallen? Es bleibt abzuwarten. Wir freuen uns immer darauf, alles zu geben und allen zu zeigen, woran wir gearbeitet haben! Unsere Fans werden uns sicherlich wiedererkennen, obwohl wir seit dem letzten Album etwas älter geworden sind. Wir haben nichts komplett weggelassen und klingen auch nicht völlig anders, wir haben uns nur ein wenig weiterentwickelt.

Neben der Aufnahme des Albums, der Auftritte am Wochenende und diesem Buch bereiten wir uns intensiv auf unsere Konzerte im November im Oslo Spektrum vor. Es gibt viele Meetings mit vielen Leuten, und Dad warnt uns ständig, dass wir das Budget sprengen werden. Aber wir wollen, dass die Leute vom Konzert im Spektrum nach Hause gehen und denken: »Alter, war das cool!« Wir wollen, dass sie eine gute Zeit haben. Dann verdienen wir eben weniger Geld, dafür können wir dem Publikum etwas wirklich Cooles zeigen. Wir wissen genau, wie wir die Dinge haben wollen, und wir vertrauen denen, die mit uns daran arbeiten. Wir werden viel proben müssen und viele Dinge zum ersten Mal machen. Es wird eine große Performance, mit viel Choreografie und vielen Dingen, an die wir denken müssen. Insgesamt also eine große und coole Show! Es wird sehr, sehr gut werden. Irre gut! Im Frühjahr werden wir mit dieser Show auf Tournee durch Norwegen gehen, und

Ein Marcus-&-Martinus-Konzert sollte immer ein Erlebnis für das Publikum sein!

am 11. Februar werden wir in Stockholm spielen. Das wird megacool! Stellt euch vor, innerhalb kürzester Zeit im Oslo Spektrum und dann im Globen aufzutreten!

Schon gewusst?
Unser Instagram-Account hieß mal @marcusandmartinusofficial!

Und dann ist da noch der MM-Film, der im Januar kommen wird, alles läuft sehr gut. Daniel ist die ganze Zeit um uns herum und filmt alles. Wir wissen gar nicht, was wir ab dem Tag machen sollen, an dem der Film fertig ist und Daniel plötzlich nicht mehr ständig um uns herum sein wird. Vielleicht müssen wir gleich mit Film Nummer zwei weitermachen? Momentan wissen wir sehr wenig darüber, wie der Film sein wird, weil wir hier und da nur ein paar kleine Clips gesehen haben. In vieler Hinsicht ist dieser Film fast wie ein Erinnerungsalbum für uns, bei dem wir wahrscheinlich denken werden: »Waren wir wirklich dort? Haben wir das echt gemacht?« Es wird eine riesige Premiere im Kino Colosseum in Oslo geben, wo man alle Säle für uns reservieren wird. Das wird groß! Der Einzige, der leiden wird, ist Papa. Er wird so ergriffen sein, dass er den ganzen Film über weinen wird!

Zusätzlich zu dem Film wird es diesen Herbst eine Web-Serie über uns auf TV Norge geben mit jeweils fünfminütigen Episoden. Im März kommt noch eine 30-minütige Fernsehsendung. Außerdem wird das Spektrum-Konzert gefilmt und fast komplett im Fernsehen ausgestrahlt.

Puh! Das nächste Jahr wird hektisch, aber wir wollen das Tempo auch nicht rausnehmen. Wir werden uns wahrscheinlich ein wenig mehr auf das Ausland konzentrieren, wir werden es zumindest versuchen. Es macht Spaß zu hören, dass wir bereits Fans in anderen Ländern außerhalb Skandinaviens haben, und wir träumen davon, Länder wie Frankreich und Deutschland zu besuchen. Das würde viel Spaß machen. Eines Tages werden wir Europa erobern! Aber dann gibt es natürlich noch unseren größten Traum: im Madison Square Garden in New York zu spielen. Dieses Ziel ist zwar noch weit weg, aber der Traum ist da. Wir werden einfach weiter hart arbeiten und dann sehen.

Schon gewusst?
Wir hassen Zwiebeln!

Zum Schluss

2015 war so ein Jahr, in dem wir dachten, es würde nie wieder so gut werden. »Dieses Jahr wird das beste unseres Lebens sein«, sagten wir immer. Aber jetzt scheint es, dass 2016 das beste Jahr in unserem Leben ist, weil es alles noch mal getoppt hat. Vielleicht geht es so weiter, Jahr für Jahr? Könnte es sein, dass diese Reise, auf der wir gerade sind, immer weitergeht? Wir hoffen es. So sehr.

TO BE CONTINUED ...

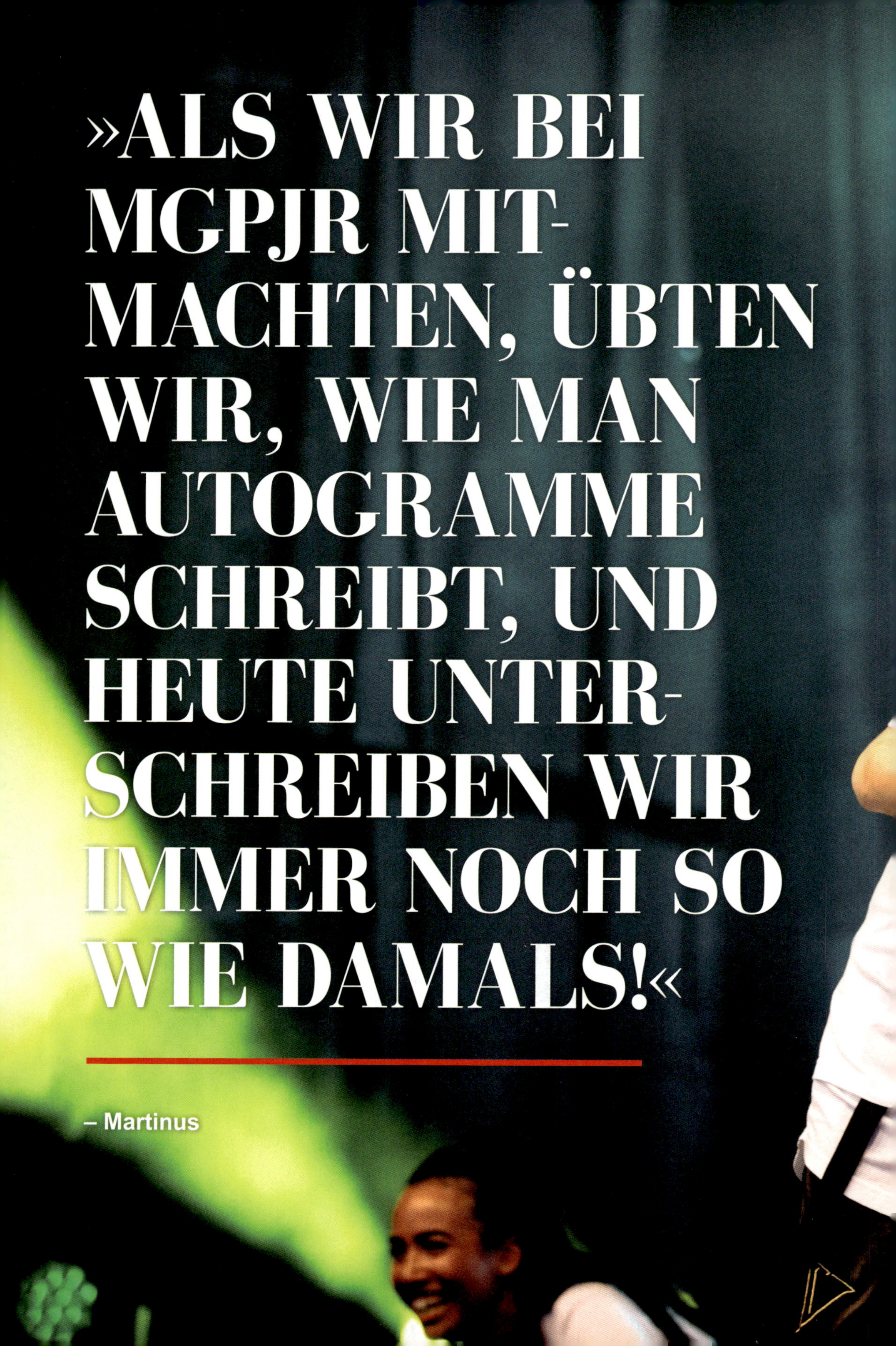

»ALS WIR BEI MGPJR MIT-MACHTEN, ÜBTEN WIR, WIE MAN AUTOGRAMME SCHREIBT, UND HEUTE UNTER-SCHREIBEN WIR IMMER NOCH SO WIE DAMALS!«

– Martinus

festdagene
MAGICFX
CO2 Jet

MARCUS
OG
MARTINUS

DISCOGRAPHY

Hei

(März 2015, Sony Music Norway)

1. Plystre på deg
2. Blikkstille
3. Hei
4. Slalom
5. Ekko
6. Gæærn
7. Leah
8. Du
9. Smil
10. To dråper vann

Hei – Fan Spesial

(Juni 2015, Sony Music Norway)

1. Elektrisk
2. Ei som deg
3. Na Na Na
4. Plystre på deg
5. Blikkstille
6. Hei
7. Slalom
8. Ekko
9. Gæærn
10. Leah
11. Du
12. Smil
13. To dråper vann
14. Plystre på deg (Akustisk)
15. Gæærn (Akustisk)
16. Alt jeg ønsker meg

Together

(November 2016, Sony Music Norway)

1. Girls (feat. Madcon)
2. Without You
3. Light It Up (feat. Samantha J)
4. One More Second
5. Heartbeat
6. Go Where You Go
7. Hey You
8. Bae
9. I Don't Wanna Fall in Love
10. Together
11. Girls (Alex Mattson Remix)
12. Heartbeat (Maybon Remix)

Moments

(November 2017, Sony Music Norway)

1. Make You Believe in Love
2. Please Don't Go
3. Next to Me
4. One Flight Away
5. Never
6. Got to Know Ya
7. Guitar
8. Dance with You
9. First Kiss
10. Like It Like It (feat. Silentó)
11. Remind Me
12. Make You Believe in Love (AronChupa Remix)
13. Make You Believe in Love (Live with the Norwegian Radio Orchestra)

MARCUS & MARTINUS – UNSERE GESCHICHTE

Deutsche Übersetzung mit freundlicher Genehmigung
von Juritzen Forlag AS, Oslo, Norwegen. www.juritzenjr.no

ISBN 978-3-86265-750-6
Genehmigte Lizenzausgabe | © der deutsche Ausgabe
Schwarzkopf & Schwarzkopf Verlag GmbH, Berlin 2018
Vermittelt durch die Literaturagentur Brinkmann, München

BILDNACHWEIS

Fotos: privat, außer: S. 8, 102, 114, 129, 148–149, 150, 154–155, 158–159, 168, 178–179, 189 192–193: Johannes Lovund; S. 100, 188: Max Emanuelsson; S. 4–5, 131: Therese Alice Sanne / VG / NTB scanpix; S. 155, 170–171, 188, 194–197, 200–201: Joakim Halvorsen / www.fotoj.no; S. 86, 110–111, 183, 190, 198-199, 202–203: Jørgen Munch Jensen; S. 9, 10, 120–121, 127, 132–133, 164–165: Lars Martin Bøe; S. 58–59, 73: Ronny Manuel Danielsen; S. 80–81, 140–141: Daniel Hansen Heredero / eventpartner; S. 153, 157, 160, 162–163, 176–177, 182, 194–195, 204-205: Skorstøl Foto.

Text: Kirsti Kristoffersen
Lektorat: Sarah Natasha Melbye
Coverdesign: Kjetil Waren Johnsen / Nina Juul
Coverfotos: Fred Jonny und privat
Design: Turbo Kommunikasjon / Dalsgren
Übersetzung der deutschen Ausgabe: Thorsten Wortmann

Verlag
Schwarzkopf & Schwarzkopf Verlag GmbH
Kastanienallee 32, 10435 Berlin
Telefon: 030 – 44 33 63 00
Fax: 030 – 44 33 63 044

Internet | E-Mail
www.marcusandmartinus.com
www.schwarzkopf-schwarzkopf.de
www.facebook.com/schwarzkopfverlag
info@schwarzkopf-schwarzkopf.de